Rituale, Amulette, Zaubersprüche
aus aller Welt

NICOLA DE PULFORD

Rituale, Amulette, Zaubersprüche

aus aller Welt

Urania Verlags AG

Die englische Originalausgabe erschien 1999 bei
Godsfield Press Ltd., New Alresford, unter dem Titel
*Spells and Charms. 52 charms and spells to help
you get the best out of life.*

Übersetzt aus dem Englischen von Susanne Reichert

2. Auflage 2001
ISBN 3-908653-14-2

Satz: Fotosatz Reinhard Amann, D-88317 Aichstetten
Printed and bound in Hong Kong

Inhalt

Einführung

Dieses Buch verrät Ihnen einfach durchzuführende Rituale, Zaubersprüche und leicht anzufertigende Amulette, die Ihnen in allen Situationen – von Liebeskummer über Geldsorgen bis zu Familienstreit – helfen. Mit ihrer Unterstützung können Sie zudem auch Ihre natürlichen Instinkte und Kräfte zu neuem Leben erwecken.

Magie war lange Zeit mit einem Tabu belegt. Man argwöhnte, sie werde von einer Handvoll Spinner praktiziert und habe für die heutige Welt keinerlei Bedeutung. Und doch hätte man manche Dinge, die für uns heute selbstverständlich sind – zum Beispiel Telefone, Flugzeuge und Antibiotika –, einst für Zauberei gehalten. Zwar hat die Wissenschaft für viele verblüffende Phänomene inzwischen eine Erklärung gefunden, doch man hat noch lange nicht alle Geheimnisse dieser Welt enträtselt.

Die meisten Menschen haben nur noch wenig Kontakt zur Natur, doch mittlerweile besinnen wir uns wieder darauf, daß Körper, Geist und Seele eine Einheit bilden. Wenn wir uns die Lebenskraft zunutze machen, die alle Natur durchdringt, und unsere geistigen Kräfte ein-

setzen, können wir mit der Magie unser Leben bereichern.

Die Ideen in diesem Buch sind von der Magie inspiriert, wie sie seit Menschengedenken von weisen Frauen und Männern in aller Welt zum Wohl aller Menschen praktiziert wird. Man darf Magie niemals einsetzen, um einem anderen Menschen Schaden zuzufügen oder ihn zu beherrschen.

Bei allen Ritualen, Zaubersprüchen und Amuletten sind die dafür notwendigen Zutaten aufgeführt – Dinge, die Sie überall problemlos besorgen können. Durch Ihre Anwendung erhalten sie ihre magische Kraft. Kerzen, Öle und bestimmte Kräuter sind ein ganz wesentlicher Bestandteil vieler Rituale. Deshalb sollten Sie davon immer genügend zu Hause haben. Die besten Ergebnisse erzielen Sie, wenn Sie versuchen, mit den Mondzyklen zu arbeiten. Nutzen Sie die Kräfte der Magie, und erleben Sie, welche Wirkung sie auf Ihr Leben hat. Sind Sie bereit, Ihre magische Reise anzutreten?

In Sachen Liebe

Sieben Zauberrituale, mit denen Sie Ihre/n Auserwählte/n verzaubern, damit er/sie Ihnen treu bleibt.

Kapitel eins

Apfelzauber

Mit diesem wunderbaren Zauber aus Osteuropa können Sie Ihre/n Auserwählte/n für sich gewinnen und an sich binden. Seit Urzeiten gehört der Apfelbaum zu

den magischsten Bäumen. Aus seinem Holz schnitzte man Stäbe, mit denen man magische Kreise zog. Der Apfelbaum ist der Liebesgöttin Venus geweiht, wird aber auch als keltischer Lebensbaum bezeichnet. Vollziehen Sie dieses Ritual bei zunehmendem Mond, und tragen Sie neunundvierzig Stunden vor der Zeremonie dicht am Körper Seidenfäden, am besten in den Farben Rosa, Rot und Purpur. Dieser Zauber ist nur Ihnen heilig. Suchen Sie sich deshalb dafür einen friedvollen, geschützten Ort.

Sie brauchen dafür:

EINE ROSAFARBENE KERZE
EINEN ROTEN UND EINEN GRÜNEN APFEL
EINEN KUGELSCHREIBER UND EINEN ZETTEL
DREI ZUM ZOPF GEFLOCHTENE SEIDENFÄDEN

Zünden Sie die Kerze an, und bitten Sie, mit den Äpfeln in den ausgestreckten Händen, um Venus' Segen. Schneiden Sie beide Äpfel in der Mitte auseinander. Entfernen Sie die Kerne, und legen Sie sie für später beiseite. Schreiben oder zeichnen Sie auf das Papier die Eigenschaften Ihres Wunschpartners oder den Namen einer Person, an die Sie dabei denken. Es sollte niemand sein, der bereits in einer guten Beziehung lebt. Nehmen Sie eine rote und eine grüne Apfelhälfte, legen Sie das Papier dazwischen und verschnüren Sie das Ganze mit den Seidenfäden. Denken Sie über Ihren Wunsch nach, während Sie die anderen beiden Apfelhälften essen. Binden Sie den verschnürten Apfel an einen Baum oder einen Fensterflügel. Nehmen Sie ihn nach einundzwanzig Stunden herunter, und entfernen Sie die Fäden. Schneiden Sie den Apfel klein, und legen Sie ihn draußen für die Vögel hin. Bewahren Sie die Fäden an einem besonderen Platz bei sich zu Hause auf. Nehmen Sie das Papier und die Apfelkerne, und pflanzen Sie letztere ein. Wenn die Kerne anfangen zu keimen, wird die Liebe zu Ihnen kommen.

1 Schneiden Sie beide Äpfel vorsichtig in zwei Hälften, nehmen Sie mit der Messerspitze die Kerne heraus und legen Sie sie beiseite.

2 Schreiben Sie Ihre Botschaft auf den Zettel, und falten Sie ihn so zusammen, daß er genau zwischen die Apfelhälften paßt. Verschnüren Sie den Apfel wie ein Päckchen. Lassen Sie ein Fadenende heraushängen.

3 Bekräftigen Sie Ihre Absicht, Liebe in Ihr Leben zu rufen, indem Sie die Talismane an die Erde zurückgeben. Die Früchte Ihrer Bemühungen werden noch jahrelang Blüten treiben.

Nektar der Götter

Ganz gleich, ob Sie eine neue Liebe oder einen langjährigen Partner haben – dieser alte englische Zauber wird wieder etwas Leben in Ihre Beziehung bringen. Das Ritual vollziehen Sie am besten an einem Dienstag bei zunehmendem Mond, denn der Dienstag ist Mars, dem Gott des Begehrens, heilig. Tragen Sie ein rotes Kleidungsstück (Rot ist die Farbe der Leidenschaft), zum Beispiel Unterwäsche oder einen Seidenschal oder ein Band. Alkoholische, mit Honig hergestellte Getränke waren im alten Rom und Griechenland sehr beliebt. In England tranken Frischvermählte nach ihrer Hochzeit einen Mondmonat lang Met, ein fermentiertes Getränk aus Honig und Wasser, um ihre Lust zu steigern.

Sie brauchen dafür:

- EINEN SILBERRING
- ZWEI ROTE KERZEN
- VANILLEÖL
- ZWEI ROTE GLÄSER
- METLIKÖR

Legen Sie den Silberring in die rechte Hand, und bitten Sie den Mond in einer mondbeschienenen Nacht, ihn zu segnen. Bewahren Sie ihn an einem sicheren Ort auf, bis Sie den Zauber vollziehen wollen. Nehmen Sie an einem Dienstagabend bei Kerzenlicht ein Bad, in das Sie 3 Tropfen Vanilleöl gegeben haben. Massieren Sie das Vanillearoma in Ihren Körper ein. Ziehen Sie sich langsam an, und vergessen Sie das rote Kleidungsstück nicht. Löschen Sie die Kerzen, und stellen Sie sie dorthin, wo Sie mit Ihrem/r Geliebten sitzen werden. Eine Stunde vor seiner/ihrer Ankunft nehmen Sie den Silberring und lassen ihn am Rand der beiden Gläser entlanggleiten. Dazu sprechen Sie folgende Worte:

Mit diesem mondbeschienenen Ring
schenke ich meinem Liebsten das Feuer meiner Liebe.
Möge Mars uns gewogen sein.

Wiederholen Sie diesen Spruch dreimal, und stecken Sie dann den Ring an Ihren Finger. Füllen Sie Met in die Gläser, zünden Sie die Kerzen wieder an und meditieren Sie beim Kerzenschein, während Sie auf Ihren Partner warten. Wichtig ist, daß Sie den Met nicht allein, sondern gemeinsam trinken. Dann werden Sie sich an diesen Abend noch lange erinnern.

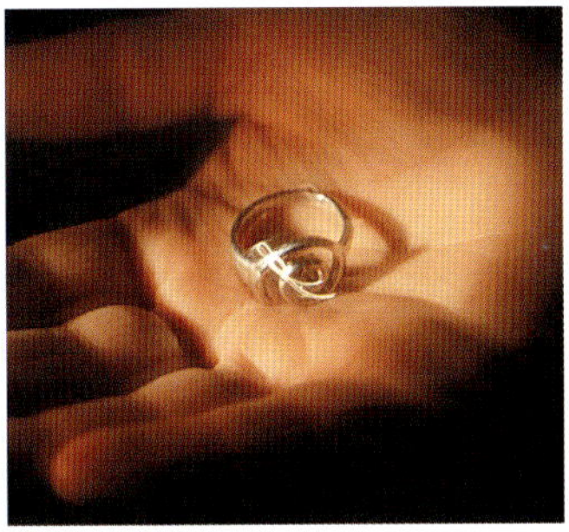

1 Strecken Sie die rechte Hand dem Mond entgegen, und ziehen Sie in Gedanken seine Strahlen an, damit der Zauber größere Wirkung zeigt.

2 Übertragen Sie Ihren Zauberspruch auf die beiden Gläser. Trinken Sie den Met nicht allein, sondern gemeinsam, denn nur so wird es ein denkwürdiger Abend.

Liebeszauber

Führen Sie diesen Zauber zu einem beliebigen Zeitpunkt durch, um Ihren Wunschpartner zu betören. Ein Zauberer des Mittelalters gab dazu folgenden guten Rat: „Willst du geliebt werden, mußt du zuvor erst selbst lieben." Wollen Sie

Ihren Traumpartner für sich gewinnen, sollten Sie genügend Vertrauen in Ihre eigenen Anziehungskräfte haben. Wenn Sie Selbstzweifel haben, können Sie diese mit dem Zauber überwinden und Ihren eigenen Fähigkeiten und Ihrer Anziehungskraft wieder vertrauen. Öffnen Sie Ihr Herz, damit die Liebe anderer Menschen Einlaß findet. Sie müssen sich auch darüber im klaren sein, ob Sie sich nach Liebe oder Lust sehnen, und sich dann auf das entsprechende Ergebnis gefaßt machen!

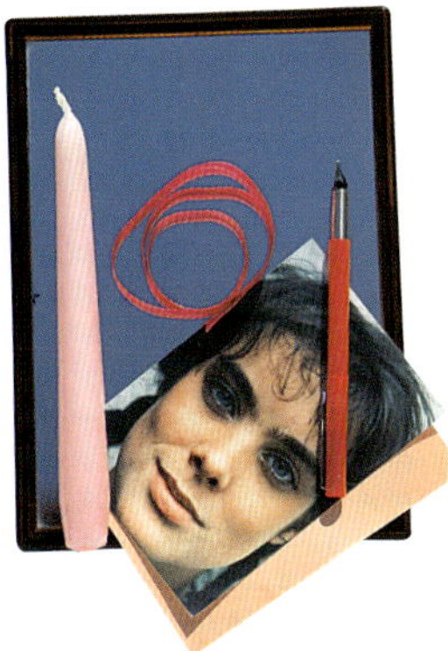

Sie brauchen dafür:

- EINE ROSAFARBENE KERZE
- EINEN SPIEGEL
- EINEN FEDERHALTER UND EIN ROSA BLATT PAPIER
- EIN FOTO VON SICH
- EIN ROSAFARBENES BAND

Zünden Sie in einem dämmrigen Zimmer die Kerze an, so daß Ihr Spiegelbild von ihr erleuchtet wird. Konzentrieren Sie die Gedanken auf Ihre guten Eigenschaften und Ihren Wunsch, eine neue Beziehung einzugehen. Holen Sie tief Luft, und atmen Sie Ihre Ängste und Zweifel aus. Malen Sie anschließend das Bild Ihrer neuen Liebe auf das rosafarbene Papier. Legen Sie es neben Ihr Foto, und verschnüren Sie beides mit dem Band. Vereinen Sie die Bilder auch gedanklich. Halten Sie die vereinten Bilder vor den Spiegel, so daß sie darin reflektiert werden, und sprechen Sie bei diesem Ritual folgende Worte:

Von innren Zweifeln bin ich frei,
Mein Herz ist offen, komm herbei!
Laß die Zukunft sich entfalten,
Laß Glück und Liebe ewig walten.

Pusten Sie die Kerze aus, und sehen Sie nach, ob sich im Spiegel irgendwelche Bilder zeigen; vielleicht sehen Sie eine andere Person als die, an die Sie denken. Falten Sie die Bilder zusammen, und bewahren Sie sie an einem sicheren Ort auf.

1 Sobald Sie und Ihr Bild im Dunst des Kerzenlichts verschwimmen, blicken Sie tief in Ihre Seele und lassen all Ihre Befürchtungen los.

2 Sie sollten die beiden Bilder nicht nur mit der Schleife, sondern auch in Gedanken verbinden.

3 Bekräftigen Sie Ihren Wunsch nach Liebe in Worten und Gedanken.

Himmelszauber

Mit Hilfe dieses Zaubers können Sie die Verletzung, die Ihnen ein grausamer oder untreuer Partner zugefügt hat, überwinden. Er ist eine Kombination aus

der Amulett-Kalligraphie der taoistischen Magie und orientalischem Himmelszauber, der persönliche Freude und Glück beschert. Der Schreiber versah den Talisman mit Worten und übertrug seinen Geist auf ihn, so daß die betreffende Person mit harmonischen Geistern eins werden konnte. Mit runden Schriftzügen stellte man das Yin- oder weibliche Prinzip, mit eckigen Schriftzeichen das Yang- bzw. männliche Prinzip dar. Bemühen Sie sich um die richtige Schriftform, je nachdem, wer Sie verletzt hat.

Sie brauchen dafür:

ZWEI GELBE KERZEN

ROSENÖL UND EINE DUFTLAMPE

GELBES PAPIER

FEDERHALTER UND ROTE TINTE

Vollziehen Sie diesen Zauber an einem windigen Tag bei abnehmendem Mond, und sorgen Sie dafür, daß Sie dabei ungestört sind. Zünden Sie die Kerzen an, und verbrennen Sie ein wenig Rosenöl, damit sich die Atmosphäre entspannt. Schneiden Sie das gelbe Papier in fünf gleiche, etwa 7,5 cm x 2,5 cm große Teile. Beschreiben Sie mit roter Tinte auf vier Zetteln – auf alle! – die Verletzung, die man Ihnen zugefügt hat. Auf den fünften schreiben Sie Ihre Hoffnungen auf künftiges Glück. Nehmen Sie Ihre Botschaften auf eine Anhöhe, in ein hohes Gebäude oder an einen offenen Strand mit. Spüren Sie die Kraft des Windes. Schließen Sie die Augen, drehen Sie sich dreimal gegen den Uhrzeigersinn im Kreis, und lassen Sie dabei nacheinander vier Zettel los. Mit dem letzten Zettel in den hohlen Händen drehen Sie sich dreimal im Uhrzeigersinn und lassen ihn dann los. Sehen Sie zu, wie mit ihm Ihre Hoffnungen auf die Zukunft freigesetzt werden und sich erfüllen.

1 Zünden Sie die Duftlampe an, und atmen Sie den Duft des Rosenöls ein. Das erleichtert es Ihnen, sich wieder geistig zu sammeln.

2 Schreiben Sie Ihre Botschaft auf die fünf Zettel. Fünf ist die Zahl für Kommunikation und gilt bei den Chinesen als magisch.

3 Lassen Sie Ihren Geist von den Elementen der Natur durchdringen, während Sie den Zauber freisetzen. Dann wird die erlittene Verletzung Sie nicht länger belasten.

Liebesschmuck

Weihen Sie an einem Freitag, dem Tag der Venus, bei abnehmendem Mond einen Talisman, damit die Liebe Sie nicht verläßt. Einen Talisman stellt man her,

wenn man eine bestimmte Absicht verfolgt und positive Kräfte anziehen will. Normalerweise wird er aus natürlichen Elementen – Kristallen, Steinen, Holz, Pflanzen und Metall – gefertigt, die den Planeten und den Wochentagen entsprechen. Stellen Sie doch einfach Ihren eigenen Liebesschmuck her. Das benötigte Rohmaterial erhalten Sie inzwischen in vielen Geschäften. Sie können sich natürlich auch ein besonderes Stück von einem Juwelier anfertigen lassen.

Sie brauchen dafür:

EINEN EDELSTEIN ODER KRISTALL UND EIN BELIEBIGES METALL

EIN ROSAFARBENES BLÜTENBLATT EINER ROSE ODER NELKE

Die folgende Tabelle erleichtert Ihnen die Auswahl der Metalle und Steine:

Tag	Planet	Metall	Farbe
Sonntag	Sonne	Gold	Orange
Montag	Mond	Silber	Weiß
Dienstag	Mars	Eisen	Rot
Mittwoch	Merkur	Aluminium	Gelb
Donnerstag	Jupiter	Zinn	Purpurrot
Freitag	Venus	Kupfer	Blau
Samstag	Saturn	Blei	Grün

Haben Sie das Material für Ihren Liebesschmuck ausgesucht, dann warten Sie einen Freitag mit abnehmendem Mond ab, möglichst in Ihrem Geburtsmonat, und laden Sie das Blütenblatt mit dem Segen des Mondes auf. Dazu halten Sie es in der ausgestreckten Hand und ziehen in Gedanken die Mondstrahlen an, bis Ihre Hände in Mondlicht getaucht sind. Wenn Ihr Schmuckstück fertig ist, sollten Sie das Blütenblatt zusammengefaltet zwischen den Stein und das Metall legen, damit der Talisman zusätzlich Kraft bekommt. Tragen Sie dieses Schmuckstück immer.

1 Zupfen Sie von einer ganz makellosen Blume vorsichtig ein Blütenblatt ab, das Sie segnen lassen. Stellen Sie die Blume in eine Vase.

2 Fertigen Sie ein Schmuckstück an, oder bestellen Sie eines. Für einen Geburtstag am Freitag benötigen Sie: Kupfer, Blütenblatt, einen blauen Kristall oder Edelstein.

Der Weg der Wahrheit

Die Ureinwohner Amerikas kennen einen kleinen Zauber, der Ihnen verrät, ob Ihr Partner Sie

betrügt oder unglücklich macht. Führen Sie dieses Ritual möglichst allein durch – Frieden und Stille sind dafür unerläßlich. Für die Ureinwohner Amerikas war Salbei eine der Gaben des Großen Geistes. Sie verwendeten ihn bei vielen Ritualen als stark reinigendes Mittel. Die Römer wuschen sich und legten weiße Gewänder an, bevor sie rituell den Salbei mit besonderen silbernen Geräten ernteten. Für die Griechen galt Salbei als geistiges Stimulans.

Sie brauchen dafür:

- FRISCHE SALBEIBLÄTTER
- EINEN TOPF, IN DEM SIE BLÄTTER VERBRENNEN KÖNNEN
- EINE FEDER

Nehmen Sie eine Handvoll Salbeiblätter, reiben Sie sie zwischen den Händen und übertragen Sie dabei alle Zweifel und Ängste auf sie. Legen Sie sie in den Topf, und sammeln Sie sich einige Augenblicke. Verbrennen Sie das Kraut, bis es anfängt zu rauchen, und atmen Sie sein scharfes Aroma ein. Nehmen Sie die Feder in die rechte Hand, und verteilen Sie den Rauch ringsherum. Drehen Sie sich im Uhrzeigersinn, und ehren Sie die Himmels- und die Erdgeister sowie die vier Himmelsrichtungen – Norden, Süden, Osten und Westen. Bitten Sie sie, Sie zu führen und Ihnen eine Möglichkeit zu zeigen, wie Sie mit Ihrem Problem besser zurechtkommen. Beginnen Sie bei den Füßen, und fächeln Sie den Rauch mit der Feder an Ihrem Körper nach oben. Sind Sie beim Kopf angelangt, dann schütteln Sie die Feder aus, damit sich alle negativen Einflüsse zerstreuen. Schon nach kurzer Zeit werden Ihnen drei Fragen einfallen, die Sie Ihrem Partner stellen können, und die Wahrheit wird ans Licht kommen.

1 Zerreiben Sie die frischen Salbeiblätter in Ihren Handflächen, damit dieses wirkungsvolle Kraut seinen reinigenden Duft verströmen kann.

2 Zerstreuen Sie Ihre Befürchtungen, indem Sie den Rauch mit einer beliebigen Feder um sich verteilen.

3 Konzentrieren Sie sich, und fühlen Sie, wie Ihr Kopf klar wird, während die Feder alle blockierenden Energien auflöst.

Die Blume der Venus

Mit diesem rumänischen Zauber können Sie Ihren Traumpartner bezaubern. Die Zigeuner sind ein Volk ohne Nationalität, deren Geschichte nie schriftlich erfaßt wurde. Als sie im 1. Jahrtausend Indien verlassen mußten, wanderten sie nach Persien weiter. Der Sage nach wurde die erste Rose, die Blume der Venus, im

Garten von Persien von den Strahlen der aufgehenden Sonne zum Leben erweckt. Ihre Samen haben sich wie die Zigeuner in der ganzen Welt zerstreut. Entfernen Sie für diesen Zauber die Dornen vom Rosenstiel, denn sie sind ein Symbol für den Phallus. Trotzdem ist dies ein Liebeszauber und keiner, der sinnliche Lust entfachen soll.

Sie brauchen dafür:

- ZWEI ROSAFARBENE KERZEN
- EINE LANGSTIELIGE, DUNKELROTE, DUFTENDE ROSE
- EINEN KUGELSCHREIBER UND EINE PAPIERROLLE
- GRÜNES BAND

Führen Sie diesen Zauber an einem Freitagabend bei Neumond durch, und wählen Sie einen ungestörten Zeitpunkt dafür. Zünden Sie in einem dämmrigen Zimmer die Kerzen an, und atmen Sie den Rosenduft ein, während Sie zusehen, wie sich die Flammen zartrosa färben. Wenn Sie sich entspannt haben, schreiben oder zeichnen Sie etwas über Ihren Partner auf das Papier. Wickeln Sie die Papierrolle fest um den oberen Teil des Rosenstiels, und schneiden Sie den überstehenden Teil ab. Legen Sie den abgeschnittenen Stiel im rechten Winkel zur Papierrolle hin, und binden Sie ihn mit dem grünen Band fest. Machen Sie sich dazu ein paar liebevolle Gedanken. Legen Sie die Rose in die Tiefkühltruhe oder den Kühlschrank. Blicken Sie wieder in die Flammen, und sehen Sie sich in Gedanken glücklich mit Ihrem/r Liebsten vereint. Holen Sie die Rose nach vierundzwanzig Stunden wieder heraus, und lösen Sie das grüne Band, damit der Zauber wirken kann. Vergraben Sie die Rose und die Papierrolle, und bitten Sie dabei Venus um ihren Segen.

1 Nehmen Sie eine langstielige, duftende Rose, und entfernen Sie alle Dornen. Schreiben Sie auf, welche Eigenschaften Sie sich von Ihrem Partner wünschen.

2 Rollen Sie das Papier um die Rose, und schneiden Sie den überstehenden Stiel ab. Befestigen Sie ihn mit dem Band rechtwinklig an der Rolle.

3 Stellen Sie sich Ihre/n Liebste/n bildlich vor, während Sie die Göttin Venus um Hilfe bitten, und geben Sie später die Gaben an die Erde zurück.

Pfirsiche mit Sahne

Mit den hier beschriebenen Zauberritualen können Sie Ihrem Körper etwas Gutes tun und Ihre spirituelle und körperliche Energie stärken.

Kapitel zwei

Erleuchtung

Diese spirituelle Reise machen die Ureinwohner Amerikas. Sie hilft Ihnen, Geist und Körper wieder ins Gleichgewicht zu bringen. Die Alltagssorgen fordern von unserem Immunsystem oft ihren Tribut, und das kann sich als körperliche Krankheit manifestieren. Im Glaubenssystem der

Ureinwohner gab es die Grundvorstellung, daß das ganze Leben Teil eines heiligen Rings oder Kreises ist, der eine Verbindung zwischen materieller und spiritueller Welt schafft. In der heutigen Gesellschaft und in den Städten haben wir die Geistwelt von der natürlichen Welt abgespalten und uns von unseren Wurzeln in Mutter Erde getrennt. Durch eine Stärkung von Geist, Körper und Seele finden wir wieder zu mehr Gleichgewicht.

Kapitel zwei Pfirsiche mit Sahne

Sie brauchen dafür:

DIE VIER ELEMENTE ODER SYMBOLE DAFÜR

DREI SALBEIBLÄTTER

Am besten führen Sie dieses Ritual im Freien um die Mittagszeit durch, wo die vier Elemente – Erde, Luft, Feuer und Wasser – von vornherein vorhanden sind. Ersatzweise können Sie auch Blumen oder symbolische Gegenstände nehmen: ein Stück Erdkrume für Erde, ein Räucherstäbchen für Luft, eine gelbe Kerze für Feuer und etwas Quellwasser. Legen Sie diese Dinge im Kreis auf den Boden, und setzen Sie sich in den Kreis. Reiben Sie Gesicht und Hände mit den Salbeiblättern ab, falten Sie dann die Hände, schließen Sie die Augen und lassen Sie Ihre Gedanken schweifen. Spitzen Sie die Ohren, und lauschen Sie auf die Elemente und die Natur ringsum. Werden Sie in Gedanken Teil des Wassers, und spüren Sie die warme Erde in Ihrer Hand und das zärtliche Streicheln des Windes auf Ihrem Gesicht. Fühlen Sie die Harmonie, und freuen Sie sich, daß Sie eins mit der Umwelt sind. Mit diesem Ritual, das Sie jederzeit durchführen können, finden Sie in Ihre Mitte und bringen wieder Harmonie in Ihr Leben.

1 Suchen Sie ein abgeschiedenes Plätzchen im Freien, und genießen Sie dort die Elemente. Falls Sie das Ritual zu Hause durchführen, setzen Sie sich in die Mitte der kreisförmig angeordneten Symbole.

2 Reinigen Sie Gesicht und Hände mit Salbei, und stellen Sie sich dabei einen Wasserfall vor, der im Sonnenlicht funkelt.

3 Entspannen Sie sich, und meditieren Sie. Fühlen Sie, wie die Luft Ihr Gesicht berührt und Sie so mit allen anderen Lebewesen verbindet, und lassen Sie Frieden in sich einziehen.

Beinwell-Bad gegen Schmerzen

Dieser altenglische Zauber lindert Beschwerden und Schmerzen und stellt Ihre geistigen Kräfte wieder her. Beinwell war schon bei den Kräuterkundigen des Mittelalters bekannt – aus seinen pulverisierten Wurzeln rührte man mit Wasser eine Salbe an, die bei

gebrochenen Gliedmaßen dieselbe Funktion erfüllte wie Gips. Sein botanischer Name leitet sich von *Conferre*, „zusammenwachsen" ab. Weit verbreitet waren daher auch Beinwellbäder für Frauen, die ihre Jungfräulichkeit wiederherstellen wollten. Zur wirkungsvollen Linderung von Beschwerden siehe nachfolgende Behandlung.

Sie brauchen dafür:

BEINWELLÖL

BEINWELLCREME

ZWEI ETWA 1,35 METER LANGE WEIDENRUTEN

EIN WEISSES BAND

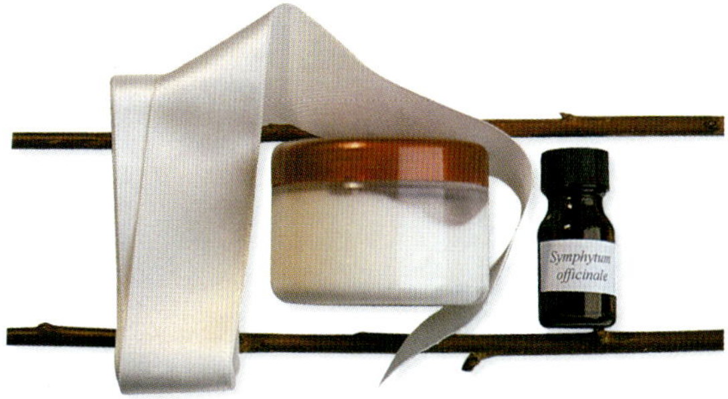

Warten Sie einen ruhigen Zeitpunkt bei abnehmendem Mond ab, und lassen Sie ein Bad einlaufen, in das Sie ein paar Tropfen Beinwellöl geben. Haben Sie an einer bestimmten Stelle Schmerzen, dann reiben Sie sie mit kreisförmigen Bewegungen im Uhrzeigersinn mit etwas Beinwellsalbe ein. Konzentrieren Sie sich darauf, den Schmerz herauszuholen und ihn dann abzuschütteln. Legen Sie die Weidenruten der Länge nach in die Badewanne. Setzen Sie sich dazwischen, und nehmen Sie je eine in die Hand. Entspannen Sie sich. Schließen Sie die Augen, und fühlen Sie, wie die Wärme Ihren ganzen Körper umgibt. Stellen Sie sich vor, daß sich Beschwerden und Schmerzen an Fäden in Ihrem Innern entlangbewegen und an den Fingerspitzen in die Weidenzweige übergehen. Trocknen Sie sich ab, und nehmen Sie die Zweige aus dem Wasser. Biegen Sie sie zu Ringen, und knoten Sie sie mit dem weißen Band zusammen. Treten Sie nacheinander in die Weidenringe, und führen Sie sie an Ihrem Körper entlang nach oben und wieder zurück nach unten. Legen Sie die Zweige vierundzwanzig Stunden ins Freie, und lösen Sie dann die Bänder, damit der Zauber wirken kann.

1 **Stellen Sie alle Zutaten bereit, und sorgen Sie dafür, daß es im Badezimmer warm ist und eine wohlige Atmosphäre herrscht, bevor Sie sich ein Bad einlassen. Tragen Sie die Beinwellsalbe auf, und geben Sie ein paar Tropfen Öl ins Wasser.**

2 **Halten Sie die Weidenruten, wenn Sie in der Wanne sitzen, locker in den Händen, und lassen Sie Ihren Gedanken freien Lauf.**

3 **Biegen Sie die beiden Weidenruten zu Ringen. Schließen Sie die Augen, und führen Sie die Ringe an Ihrem Körper auf und ab. Lösen Sie die Bänder im Freien.**

Lavendel und Liebe

Machen Sie es bei besonderen Anlässen wie die Römer, und benutzen

Sie dieses Haartonikum, um sich geistig zu beleben und die Aufmerksamkeit anderer auf sich zu ziehen. Früher nahm man am häufigsten Schopflavendel, *Lavandula stoechas.* Der winterhärtere Echte Lavendel *L. angustifolia* wird seit dem 12. Jahrhundert als Schönheitsmittel und zum Ausstreuen verwendet. Das aus den Blüten gewonnene Öl ist sehr vielseitig. Es hat besänftigende und wiederbelebende Eigenschaften und kommt daher den unterschiedlichen Bedürfnissen des Körpers entgegen. Für dieses Amulett eignen sich alle duftenden – frischen oder getrockneten – Lavendelblüten.

Kapitel zwei Pfirsiche mit Sahne

Sie brauchen dafür:

EIN KLEINES ORANGEFARBENES SAMTSÄCKCHEN ODER
EIN QUADRATISCHES STÜCK ORANGEFARBENEN SAMT
FRISCHE ODER GETROCKNETE LAVENDELBLÜTEN
EINE HAARLOCKE ODER -STRÄHNE VON SICH
LAVENDELÖL
EIN STÜCK BLAUE KORDEL

Bevor Sie Ihr Haus zu einem besonderen Anlaß verlassen, nehmen Sie sich für diesen Zauber genügend Zeit. Geben Sie in das Säckchen oder auf das Stück Samt fünf frische Lavendelblüten oder fünf Prisen getrockneten Lavendel. Orange ist die Farbe der Freude und der Zuversicht. Legen Sie die Haarlocke in das Säckchen, und sprechen Sie dazu folgende Worte:

Geist meiner Seele,
verbinde dich mit diesem lieblichen Kraut,
begleite uns durch den Tag
und ebne uns den Weg.

Waschen Sie Ihre Haare. Lösen Sie dann 5-10 Tropfen Lavendelöl in einem Glas Wasser auf, und spülen Sie zum Schluß die Haare damit aus. Geben Sie ein paar Spritzer der Ölmischung auf das Säckchen – das erhöht die Wirkung des Zaubers –, und verknoten Sie das Päckchen fünfmal mit blauer Kordel. Blau ist die Farbe des Geistes und steht für Schutz. Tragen Sie das Amulett den ganzen Tag nah am Körper. Sein berauschender Duft und Charme werden im Lauf des Tages noch intensiver werden.

1 Legen Sie die Locke bzw. Haarsträhne in das Lavendelsäckchen, und verschütteln Sie die Zutaten gut.

2 Waschen Sie Ihre Haare, und spülen Sie sie mit Lavendelöl. Denken Sie dabei an die Zauberworte.

3 Fünf ist die Zahl für Sex. Mit Ihrem fertigen – fünfmal verknoteten Amulett – werden Sie daher eine Menge Überraschungen erleben.

Aroma-Massage

Wenn Sie eine sinnliche, erhebende Erfahrung machen wollen, dann sollten Sie einmal dieses östliche magische Massageritual ausprobieren. Es wird Ihr eigenes körperliches und geistiges Wohlbefinden und das Ihres Partners erhöhen und endet unter Umständen mit einem aufregenden Abend, an dem ungeahnte Dinge geschehen können! Einige östliche Glaubensrichtungen wie das Tantra sehen im Liebesspiel eine heilige Erfahrung. Der Geschlechtsakt galt als Zeichen spiritueller Vereinigung, die mit dem Schöpfungsprinzip in Verbindung gebracht wurde. Die beste Zeit für dieses Ritual ist zwischen 19 Uhr und Mitternacht.

Kapitel zwei Pfirsiche mit Sahne

Sie brauchen dafür:

- VIER ROTE KERZEN
- EIN SILBERTABLETT MIT GEWÜRZTEN KNABBEREIEN
- WERMUT
- JE DREI TROPFEN ROSENATTAR UND SANDELHOLZÖL, IN VIER TEELÖFFEL BASISÖL AUFGELÖST

Zünden Sie in einem dämmrigen Zimmer mit Ihrem Partner die Kerzen an, und stellen Sie in jede Ecke eine. Stellen Sie die Knabbereien und den Wermut in die Mitte des Zimmers, und legen Sie ringsum ein paar Kissen aus. Setzen Sie sich im Schneidersitz hin, schließen Sie die Augen und machen Sie sich mindestens zehn Minuten lang von allen Gedanken frei. Trinken Sie gemeinsam einen Schluck Wermut, und essen Sie ein wenig. Träufeln Sie etwas Öl auf Ihre Handflächen, und beginnen Sie, sich gegenseitig Füße und Hände zu streicheln. Massieren Sie sich anschließend gegenseitig mit langsam fließenden Bewegungen, besonders in den Kniekehlen und im Nacken, den Innenseiten der Schenkel und Arme sowie an den Ohren. Bemühen Sie sich, dem anderen mindestens zehn volle Minuten Glückseligkeit zu schenken, bevor Sie zu anderen Dingen übergehen! Verzehren Sie die restlichen Knabbereien, prosten Sie sich mit dem Wermut zu und bedanken Sie sich beim Partner.

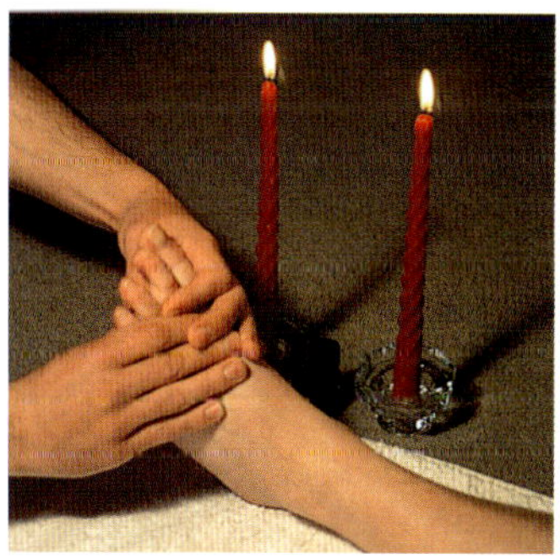

1 Bereiten Sie das Zimmer in aller Ruhe vor. Lassen Sie sich beide Zeit, bis alle Gedanken verschwunden sind.

2 Geben Sie einander zu essen und zu trinken. Das erhöht Ihre Achtsamkeit und verstärkt den Wunsch, die Freuden des Lebens zu teilen.

3 Massieren Sie zuerst den linken Fuß. Streichen Sie mit beiden Händen fest von den Zehen zum Knöchel hin, und streichen Sie den Fuß mit leichtem Druck zu den Zehen hin aus.

Pfunde abspecken

Dieser Zauber unterstützt Ihren Vorsatz abzunehmen und stärkt Ihre innere Gesundheit. Geistiges Wohlbefinden ist genauso wichtig wie körperliches Wohlsein, wenn Sie sich vorgenommen haben, ein paar Pfunde zu verlieren. Ganz wichtig ist, daß Sie an sich glauben. Nehmen Sie sich zu Beginn Ihrer Diät daher täglich zehn Minuten Zeit, in denen Sie ganz allein, am besten im Freien, Ihren Gedanken nachhängen. Es

wird Ihnen leichter fallen, sich an einen strikten Ernährungsplan oder eine Diät zu halten, wenn Sie gleichzeitig diesen Zauber wirksam werden lassen. Beginnen Sie damit an einem Sonntagmorgen, denn Sonntag ist der Tag des Glücks und der Hoffnung.

Kapitel zwei Pfirsiche mit Sahne

Sie brauchen dafür:

ZWÖLF VERSCHIEDENFARBIGE SEIDENSCHALS, DARUNTER EIN GELBER ODER GOLDFARBENER
EIN NUDELHOLZ
25 GRAMM FRISCHEN ODER GETROCKNETEN DILL
500 MILLILITER KOCHENDES WASSER
EIN GEHEIMES TAGEBUCH

Wickeln Sie die Seidenschals der Reihe nach um das Nudelholz, und schließen Sie mit dem goldenen oder gelben Schal ab. Legen Sie das Nudelholz an einen dunklen Ort; es steht symbolisch für Ihre Person. Überbrühen Sie den Dill mit kochendem Wasser, und trinken Sie vor jeder Mahlzeit eine halbe Tasse. Machen Sie einmal am Tag einen langen Spaziergang, und versuchen Sie, unterwegs auf Dinge zu achten, die Sie normalerweise nicht bemerken würden. Notieren Sie dann zu Hause Ihre Beobachtungen und Gefühle in Ihrem Tagebuch. Nehmen Sie nach einer Woche den obersten Schal vom Nudelholz herunter, und tragen Sie ihn an diesem Tag dicht am Körper. Am Abend binden Sie ihn zur Krawatte und hängen ihn zu Hause sichtbar auf. Nehmen Sie jede Woche einen Schal herunter, bis Sie Ihr Wunschgewicht erreicht haben.

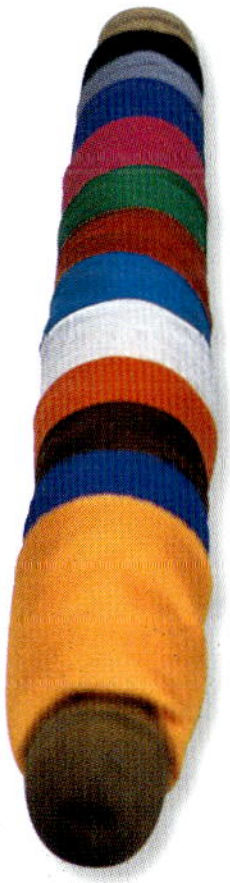

1 Wickeln Sie an einem Tag mit abnehmendem Mond die Schals um das Nudelholz, und denken Sie beim letzten, dem goldenen, daran, daß Gelb „erreichtes Ziel" bedeutet.

2 Überbrühen Sie für das Ritual den Dill mit Wasser, und trinken Sie vor jeder Mahlzeit von der Flüssigkeit, auch wenn Sie es mal eilig haben.

3 Seien Sie in Ihrem Tagebuch ehrlich, und lassen Sie alle Gefühle aufs Papier fließen. Das hilft Ihnen, Ihr Ziel zu erreichen.

Weihrauch und Thymian

Wenn wir älter werden, versuchen wir oft, die Spuren der Zeit mit teuren Cremes und Wässerchen zu beseitigen. Wir vergeuden unsere Zeit damit, uns über das Älterwerden Sorgen zu machen, statt das Leben zu genießen. Mit diesem Zauber

können Sie die jugendliche Frische Ihrer Haut erhalten, so daß Sie in Würde alt werden können. Weihrauch ist ein sehr schönes, besonders zur Meditation geeignetes aromatisches und spirituelles Öl, und aus Thymian kann man ein hervorragendes Tonikum herstellen. Besondere Heilwirkung zeigt sich, wenn Sie die Fülle des Lebens genießen. Nutzen Sie daher Ihre Zeit, und machen Sie sich öfter mal eine Freude.

Kapitel zwei Pfirsiche mit Sahne

Sie brauchen dafür:

THYMIANÖL UND DUFTLAMPE

EINE ODER MEHRERE THYMIANPFLANZEN

WEIHRAUCHÖL

UNPARFÜMIERTE BASISCREME

Leiten Sie Ihre Diät damit ein, daß Sie am ersten Tag ein wenig Thymianöl verbrennen. Lassen Sie sein Aroma durchs ganze Haus ziehen, und machen Sie es sich bequem. Stellen Sie sich vor, auf einem dicken Teppich aus wildem Thymian zu gehen. Sein süßer Duft erfaßt Ihre Sinne, und Sie hören das leise Summen der Bienen, die diesen köstlichen Stoff sammeln, um Honig daraus zu machen. Überprüfen Sie Gutes und Schlechtes in Ihrem Leben, und geloben Sie, demnächst ein paar Kleinigkeiten zu erledigen, die Sie schon immer tun wollten. Stellen Sie Ihre Thymianpflanze sichtbar auf, oder pflanzen Sie welchen im Garten. Verbringen Sie täglich ein paar Momente bei der Pflanze, um über Ihr Versprechen und die Ziele nachzudenken, die Sie sich gesetzt haben. Vermischen Sie ein paar Tropfen Weihrauchöl mit der Basiscreme, und tragen Sie diese abends liebevoll auf Ihr Gesicht auf, bevor Sie zu Bett gehen.

1 Setzen Sie sich auf einen Stuhl, oder legen Sie sich auf den Boden, und lassen Sie sich vom Thymianaroma geistig anregen. Seien Sie dankbar für alles Schöne in Ihrem Leben.

2 Schreiben Sie alle Dinge auf, die Sie verändern und in Ihr Leben rufen wollen.

3 Das volle Aroma Ihrer Thymianpflanze erschließt sich, wenn Sie vorsichtig ein Blatt mit den Fingern zerreiben, während Sie über Ihren neuen Lebensweg nachdenken.

Heilende Meditation

Dank dieser Aroma-Meditation können Sie mit der Natur wieder ins

Gleichgewicht kommen. Vetiveröl wird aus der duftenden Wurzel der hohen, grasähnlichen Pflanze gleichen Namens gewonnen und hat ein sattes, sehr erdiges Aroma. Dieses ausgleichende Öl ist dafür bekannt, daß es uns wieder erdet und uns dabei hilft, nach einer schlechten Erfahrung oder einem Schock unser Leben wieder in ruhigere Bahnen zu lenken. Der Löwenzahn, die Blume des Überlebens, ist bei Volksbräuchen und magischen Ritualen der ganzen Welt allgegenwärtig. Geradezu legendär ist seine Kraft, mit der er immer an unerwarteten Stellen sprießt und die Pläne eifriger Gärtner durchkreuzt.

Sie brauchen dafür:

EINE SCHALE SAND

EINEN STRAUSS LÖWENZAHN

VETIVERÖL

EINEN WATTEBAUSCH

Für diese Meditation eignet sich am besten ein bequemer Stuhl, bei dem Sie mit den Füßen den Boden berühren können. Richten Sie den Stuhl nach Süden aus, und stellen Sie die Schale mit Sand so hin, daß Ihre Füße darin stehen können. Stellen Sie den Löwenzahnstrauß in eine Glasvase vor den Stuhl, wo Sie ihn gut sehen. Geben Sie zwei Tropfen Vetiveröl auf den Wattebausch, und setzen Sie sich auf den Stuhl, die Füße im Sand. Wedeln Sie mit dem Wattebausch hin und her, und inhalieren Sie das Aroma mit langen, tiefen Atemzügen. Denken Sie dabei an Mutter Erde. Bohren Sie nun Ihre Zehen langsam in den Sand, und stellen Sie sich vor, daß Ihr inneres Selbst in ein warmes braunes Gewand gehüllt ist, das Ihrem Leben Fruchtbarkeit beschert. Denken Sie dabei daran, daß Sie Teil des unabänderlichen Kreislaufs des Lebens sind und die heilige Erde Ihre Umsicht und Aufmerksamkeit genauso braucht wie Sie die ihre.

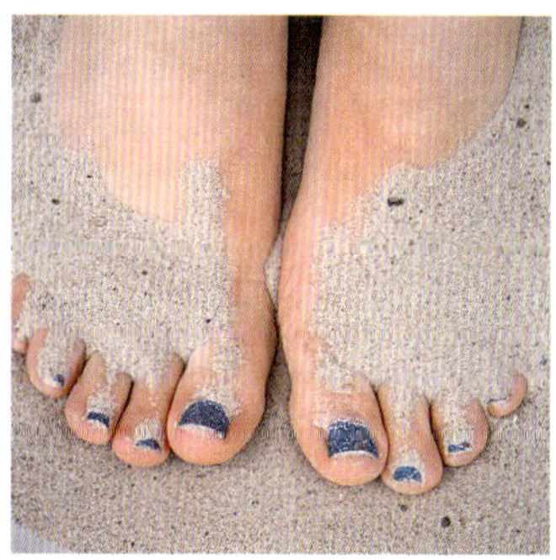

1 **Pflücken Sie den Löwenzahn, und schütten Sie Sand in eine große Schale, zum Beispiel eine Plastikwanne aus der Küche.**

2 **Richten Sie Ihren Blick und Ihre Aufmerksamkeit auf die Blumen, und lassen Sie Ihre Gedanken mit dem wunderbaren Duft davonschweben.**

3 **Wenn Sie den schweren Sand an Ihren Füßen spüren, schließen Sie die Augen und lassen Ihren ganzen Körper eins mit ihm werden.**

Zeit und Reisen

Die folgenden Amulette und Zauberrituale erleichtern Ihnen den Weg durch die physische und spirituelle Welt.

Kapitel drei

Flußzauber

Mit diesem finnischen Amulett ziehen Sie Glück und gutes Gelingen im Urlaub – zu Hause oder im Ausland – an. Bei den Finnen spielten Magie und Schamanismus bis ins 20. Jahrhundert eine bedeutende Rolle, und zwar in materieller

wie auch intellektueller Hinsicht. Die finnischen Zauberer waren für ihr Können berühmt und wurden von den Machthabenden oft gefürchtet. Die meisten Alltagsaufgaben wurden von Gesängen und Anrufungen begleitet, die die Menschen schützen und ihnen ein Leben der Fülle bescheren sollten. Diesen Zauber können Sie in der Nähe von frischem Wasser durchführen: an einem Bach, einer Quelle oder einem See – das Wasser bringt ihn in Fluß.

Sie brauchen dafür:

EIN PAAR HANDVOLL GRAS

ZWEI ETWA 30 ZENTIMETER LANGE STÖCKE

EINEN KRISTALL IHRER WAHL

WOLLFADEN

Suchen Sie eine natürliche Wasserquelle, beispielsweise einen Bach, eine Quelle oder einen See. Pflücken Sie ein paar Handvoll Gras, und schneiden Sie von einem Strauch zwei dicke Zweige ab. Setzen Sie sich, und legen Sie Ihren Kristall vor sich hin. Basteln Sie aus dem Gras eine kleine Puppe, und wickeln Sie zur Verstärkung die Wolle darum. Bringen Sie möglichst Ihre künstlerische Seite und Kreativität ein, und legen Sie all Ihre Gefühle in Ihr Werk, damit Sie sich über die fertige Puppe freuen können und zufrieden sind. Legen Sie die Pupppe neben den Kristall, schlagen Sie mit beiden Stöcken einen Rhythmus und singen Sie dazu folgende Worte:

Wasserkobolde, empfangt mein Geschenk
und gewährt mir jeden Wunsch.
Laßt mein Leben zügig und rein dahingleiten
und eine sprudelnde Quelle der Freude und
Stärke sein.

Halten Sie den Kristall in der linken Hand, und lassen Sie die Figur auf dem Wasser davonschwimmen. Schließen Sie die Augen, und meditieren Sie einige Augenblicke, bevor Sie den Ort verlassen.

1 Teilen Sie Ihr Grasbündel in zwei Teile. Biegen Sie die eine Hälfte in der Mitte um – das sind Kopf, Körper und die Beine der Puppe. Legen Sie den Rest rechtwinklig dazu hin, und binden Sie die beiden Teile mit einem Grashalm oder einem Wollfaden zusammen.

2 Versuchen Sie, mit den Stöcken den Rhythmus des Wassers nachzuahmen. 3 Konzentrieren Sie sich beim Aufsagen des Sprüchleins auf den Kristall, und wiederholen Sie die Worte. Nehmen Sie den Kristall, und setzen Sie die Figur vorsichtig ins Wasser.

Hilfe von den Engeln

Ein praktisches Heilmittel, mit dem Sie der Reisekrankheit vorbeugen und die Götter um eine angenehme Reise

bitten können. Reisekrankheit in Verbindung mit der Nervosität vor einer besonderen Reise schwächt die Kräfte und verdirbt einem mitunter den schönsten Urlaub. Der erste Schritt zur Lösung des Problems ist, der Reise gelassen und entspannt entgegenzusehen. Ein magisches Ritual kann Ihnen dabei helfen. Falls Sie mit anderen Personen reisen, wäre es sinnvoll, sie miteinzubeziehen – geteilte Angst ist halbe Angst. Beginnen Sie mit dem Ritual ein paar Tage vor der Abreise.

Kapitel drei Zeit und Reisen

Sie brauchen dafür:

- EINEN SCHLÜSSEL
- EIN SYMBOL FÜR IHREN ZIELORT
- ANGELICA-SAMEN
- JE VIER TROPFEN ANGELICA-, MELISSEN-, PFEFFERMINZ- UND INGWERÖL, GELÖST IN FÜNF TROPFEN SÜSSEM MANDELÖL

Legen Sie einige Tage vor Reisebeginn den Schlüssel in die beabsichtigte Reiserichtung, neben das Symbol für Ihren Zielort. Der Schlüssel steht für Ihr Transportmittel – Sie könnten auch ein Spielzeugauto oder -flugzeug nehmen. Streuen Sie die Angelica-Samen kreisförmig um diese Gegenstände, und achten Sie darauf, den Kreis zu schließen – dann ist der Inhalt in Sicherheit. Verbringen Sie vor Ihrer Abreise täglich zehn Minuten bei Ihren Symbolen. Bitten Sie um den Segen der Götter, und stellen Sie sich vor, Sie reisten in einer schützenden weißen Lichtblase. Versuchen Sie, sich als Teil der neuen Landschaft zu sehen. Wenn Sie diesen Zauber als Gruppe durchführen, dann bilden Sie einen Kreis und fassen sich an den Händen. Benutzen Sie die Öle als Tonikum gegen die Reisekrankheit. Inhalieren Sie einfach ihr Aroma, und geben Sie einen Tupfer davon hinters Ohr, dann kommt erst gar keine Übelkeit auf.

1 Besorgen Sie sich die Zutaten für diesen Zauber rechtzeitig. Hast und Eile in der letzten Minute steigern nur Ihre Nervosität.

2 Bilden Sie an einem sicheren Ort aus den Angelica-Samen einen geschlosssenen Kreis um Ihre Symbole.

3 Mischen Sie die Öle vor der Abreise. Füllen Sie sie in ein Plastikfläschchen, und benutzen Sie sie bei Bedarf.

Der richtige Zeitpunkt

Mit diesem Zahlenzauber aus dem alten Griechenland finden Sie den richtigen Tag und die richtige Zeit zur Durchführung Ihrer Zauberrituale. Die Wahl des richtigen

Zeitpunkts hat schon immer eine wichtige Rolle in der Zauberkunst gespielt. Mit Hilfe dieses Zaubers können Sie auch Ihre Persönlichkeitszahl und die Eigenschaften herausfinden, die damit verbunden sind. Der große griechische Mathematiker Pythagoras, der zugleich auch ein Medium und Zauberer war, vertrat die Ansicht, daß „alles Zahl ist". Wegen seiner großen Kräfte wurde er von den Machthabenden aus dem Weg geräumt, doch seine Geheimnisse wurden weitergegeben.

Kapitel drei Zeit und Reisen

Sie brauchen dafür:

STIFT UND PAPIER

Errechnen Sie anhand der nebenstehenden Tabelle den Zahlenwert Ihres Rufnamens. Hat das Ergebnis mehr als eine Stelle, dann addieren Sie die Ziffern so lange, bis nur noch eine einstellige Ziffer herauskommt. Zum Beispiel: „Nicola“ ist 5 + 9 + 3 + 6 + 3 + 1 = 27; 2 + 7 = 9. Neun ist also die Persönlichkeitszahl für Nicola. Suchen Sie einen günstigen Tag für ein Zauberritual, dann dividieren Sie die errechnete Gesamtsumme durch 7. In unserem Beispiel ergibt das: 27 : 7 = 3 Rest 6. Sehen Sie nun nach, welchem Wochentag dieser Rest entspricht – in diesem Fall dem Samstag. Ist die Zahl genau durch 7 teilbar, dann sollten Sie mit der Restzahl 7 arbeiten. Falls Sie Ihre Geburtszeit kennen, dann richten Sie es doch so ein, daß Sie Ihr magisches Ritual an Ihrem Glückstag um genau diese Zeit durchführen.

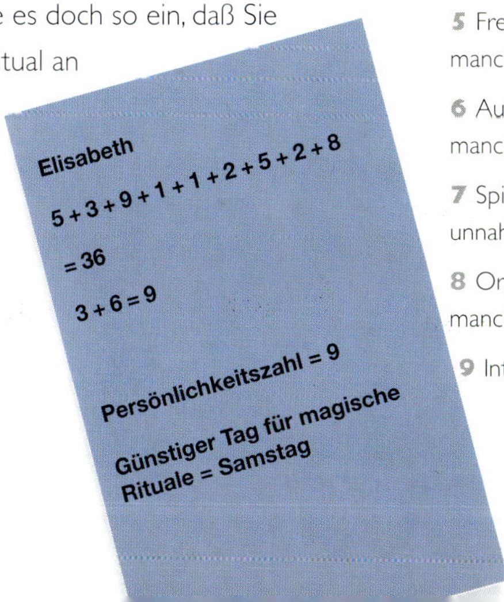

ZAHLENWERT DER BUCHSTABEN

1	2	3	4	5	6	7	8	9
A	B	C	D	E	F	G	H	I
J	K	L	M	N	O	P	Q	R
S	T	U	V	W	X	Y	Z	

Mo	Di	Mi	Do	Fr	Sa	So
1	2	3	4	5	6	7

EIGENSCHAFTEN DER PERSÖNLICHKEITSZAHLEN

1 Pionier – mutig, aber auch einsam

2 Harmonie – passive Menschen, die mit medialen Kräften in Verbindung stehen

3 Freude – glückliche, vermutlich extravagante Menschen

4 Loyalität – Schwerarbeiter, die einen hohen Preis für ihren Erfolg zahlen

5 Freiheit – radikale Menschen, die Beziehungen manchmal als schwierig empfinden

6 Aufrichtigkeit – Menschen, die beliebt, doch manchmal eingebildet sind

7 Spiritualität – gebildete Menschen, die manchmal unnahbar sind

8 Organisation – wohlhabende Menschen, die manchmal pessimistisch sind

9 Intellektualität – Idealisten, die zu Eifersucht neigen

Astralreise

Dieser sanfte Zauber macht Körper, Geist und Seele für Erfahrungen jenseits unseres normalen Bewußtseinszustandes empfänglich. Über die Existenz andersartiger Energien und Kräfte wird seit Jahrzehnten heftig diskutiert.

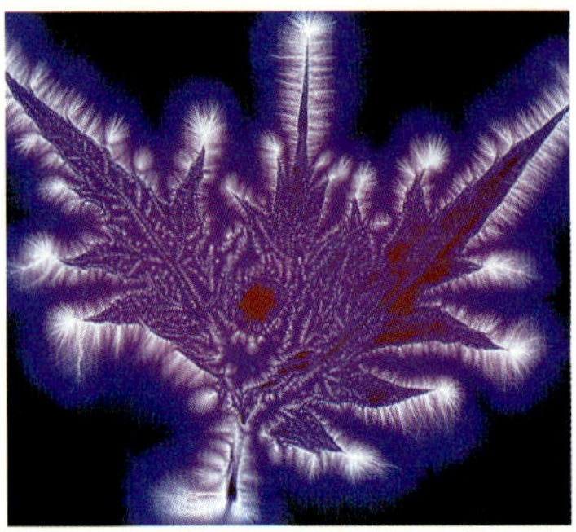

Selbst Wissenschaftler sind einigen dieser Möglichkeiten mit Hilfe spezieller Techniken nachgegangen. Semyon Kirlian gelang es, die Aura zu fotografieren, die Menschen und Pflanzen umgibt. Bei seinen Experimenten stellte er auch fest, daß die Aura einer gesunden lebenden Pflanze größer und heller war als die einer Schnittpflanze. Wenn Sie sich höheren Bewußtseinszuständen öffnen wollen, sollten Sie sich mit Geduld wappnen. Geben Sie also nicht gleich auf, wenn es beim ersten Versuch nicht sofort funktioniert.

Sie brauchen dafür:

DREI KERZEN, DIE MIT EINER MISCHUNG AUS DREI, FÜNF ODER SIEBEN ÄTHERISCHEN ÖLEN IHRER WAHL EINGERIEBEN WURDEN

Diese Übung führen Sie am besten mit einem Freund oder Partner durch. Zünden Sie die eingeölten Kerzen an, und schalten Sie alle anderen Lichtquellen aus. Stellen Sie sie so hin, daß Sie liegend in der Mitte Platz haben. Schließen Sie die Augen, und entspannen Sie sich. Vertreiben Sie die Alltagssorgen. Lassen Sie Ihre Phantasie nun zum Horizont des Ozeans schweifen; lassen Sie sich von den dunstigen blauen Farben einhüllen und in die Lüfte entführen. Reisen Sie langsam weiter, und achten Sie auf alles, was Sie sehen. Nehmen Sie alles an, was Ihnen geboten wird, doch versuchen Sie nicht zu kommunizieren. Beim Weitergehen hören Sie vielleicht Gespräche, Ihre Sinne mögen erregt sein und Düfte ziehen Sie vorwärts. Folgen Sie ihnen, und blicken Sie immer wieder auf, damit Sie nichts versäumen. Wenn das Blau langsam verblaßt, machen Sie sich langsam wieder auf den Weg zurück zur Erde, und wenn Sie wieder in dieser Welt angekommen sind, öffnen Sie die Augen und dehnen sich.

1 Suchen Sie sich sieben ätherische Öle aus, und geben Sie jeweils einige Tropfen davon in eine Schale.

2 Tauchen Sie den Docht in die Ölmischung, betupfen Sie die Kerze rundherum mit Öl und reiben Sie es sanft ein.

3 Konzentrieren Sie sich auf die brennenden Kerzen, und stellen Sie sie wie beschrieben auf. Meditieren Sie dann in der Mitte des Kerzenrings.

Erste Reise

Wenn Sie Angst vor der ersten Reise haben, dann basteln Sie sich doch einen Talisman nach afrikanischer Tradition, der wohlwollende Einflüsse anzieht und Ihnen den nötigen Schwung gibt. In gefährlichen oder beunruhigenden Situationen tragen wir oft einen Glücksbringer oder stoßen später auf etwas, das für uns künftig zum Glücksbringer wird. Der Verlust eines gehüteten Amuletts kann scheinbar irrationale Ängste auslösen, und Ihr Unterbewußtes ist überzeugt, daß ein Teil von Ihnen irgendwie verlorenging. Bekräftigen Sie Ihre Zuversicht, und beruhigen Sie sich, indem Sie die Götter mit diesem besonderen Talisman um ihre Gunst bitten.

Sie brauchen dafür:

- EIN LANGES, SCHMALES STÜCK BRAUNE SEIDE
- FRISCHES ODER GETROCKNETES EISENKRAUT
- EINE NADEL
- ETWAS FADEN
- DREI KLEINE MUSCHELN

Wichtig ist, den Talisman im Rahmen einer konzentrierten Meditation anzufertigen. Suchen Sie sich also eine stille Stunde und einen ruhigen Ort dafür aus. Nehmen Sie sich vor, den Schutz zu manifestieren, den Sie haben möchten, und konzentrieren Sie sich auf Ihr Vorhaben. Erspüren Sie beim Arbeiten den Geist der Zutaten, und machen Sie sich deren Energie zunutze. Die Farbe Braun steht für einen Schutzschild, die Muscheln symbolisieren den Reisenden; Eisenkraut ist das heiligste aller Schutzkräuter. Breiten Sie die Seide aus, und streuen Sie die Blätter darauf. Rollen Sie den Stoff zu einem langen Schlauch, und nähen oder binden Sie diesen dann zusammen. Befestigen Sie je eine Muschel an beiden Enden und in der Mitte, und tragen Sie den Talisman vierundzwanzig Stunden vor und während Ihrer Reise um Ihre Taille.

1 Breiten Sie die Seide aus, und legen Sie die Blätter der Länge nach möglichst in der Mitte darauf.

2 Rollen Sie die Seide zu einem langen Schlauch. Nähen oder binden Sie diesen der Länge nach zusammen, und befestigen Sie an jedem Ende und in der Mitte je eine Muschel.

3 Tragen Sie den Talisman vierundzwanzig Stunden vor und auch während der Reise um Ihre Taille.

Zukunftsgedanken

Regen Sie Ihre Hellsichtigkeit und Wahrnehmungsfähigkeit mit dieser einfachen Meditation an. Die Zukunft vorauszusehen war dem Menschen schon immer ein Anliegen. Divination gibt es daher schon seit

Urzeiten, und noch immer wird sie von den wenigen Menschen praktiziert, die hellseherische Fähigkeiten haben. Hellseher kommen zwar meistens mit dieser Gabe zur Welt, aber es gibt auch viele „normale“ Menschen, denen sich die Zukunft plötzlich offenbarte, manchmal nach einem traumatischen Erlebnis oder einer Krankheit. Vermutlich haben die meisten Menschen niemals versucht, diese verborgene Gabe weiterzuentwickeln, die nur darauf wartet, entdeckt zu werden.

Sie brauchen dafür:

EINE SCHALE QUELLWASSER

EINE WEISSE KERZE

Nehmen Sie sich viel Zeit, um Ihre eigenen hellseherischen Kräfte auf die Probe zu stellen. Überlegen Sie eine Weile, was Sie tun wollen, und teilen Sie dann Ihrem Verstand mit, er solle sich für kurze Zeit auf einen Gegenstand konzentrieren. Warten Sie den nächsten Vollmond ab, dann wirkt der Zauber stärker. Stellen Sie die Schale mit dem Wasser so auf, daß sie vom Mondlicht beschienen wird – an ein mondbeschienenes Fenster im Haus oder im Freien. Zünden Sie die Kerze an, und stellen Sie sie so hin, daß ihre Flamme sich auf der Wasseroberfläche spiegelt. Konzentrieren Sie sich auf das Wasser. Entlassen Sie alle bewußten Gedanken aus Ihrem Geist. Lassen Sie Ihren inneren Verstand das Sehen übernehmen; Sie werden feststellen, daß Sie dies auf neue Bahnen lenkt.

1 Bei Vollmond lassen sich Rituale am allerbesten durchführen. Er ist die Königin der Nacht und symbolisiert die innere Seele der Menschheit.

2 Achten Sie bei der Suche nach dem geeigneten Ort darauf, daß er Wärme und Behaglichkeit vermittelt und Sie dort nicht durch äußere Einflüsse abgelenkt werden.

Gute Reise

Führen Sie dieses Ritual vor einer Reise durch, damit Sie die Sache gelassen angehen und die Reise ein Erfolg wird. Da man glaubt, ein Kristall verbinde Himmel und Erde und ein Kreis symbolisiere Vollständigkeit, sind Kristallkugeln die magischsten Instrumente, die bei Divinationen zum Einsatz kommen. Quarzkristall gibt es in vielen Teilen der Erde. Er wird von den unterschiedlichsten Kulturen bei Ritualen verwendet. Sie brauchen für eine Kristallkugel kein Vermögen auszugeben: eine kleine Glas- oder Beryllkugel – selbst ein gläserner Briefbeschwerer – eignet sich für diesen Zauber und leistet gute Dienste, sofern Sie lautere Absichten haben.

Kapitel drei Zeit und Reisen

Sie brauchen dafür:

EINE KLEINE KRISTALLKUGEL

EINE SCHALE QUELLWASSER

SALZ

EINE GELBE KERZE

Wenn Sie reisefertig sind, begeben Sie sich an einen stillen Ort und legen die Kristallkugel in die Wasserschale. Beobachten Sie, wie sich die Kreise auf dem Wasser ausbreiten und dann langsam zur Ruhe kommen – ein Symbol für eine rasante und angenehme Reise. Streuen Sie über den Kristall etwas Salz, das die Stabilität der Erde repräsentiert. Zünden Sie die Kerze an, und tropfen Sie etwas heißes Wachs auf das Wasser; in festem Zustand symbolisiert es Land und weist auf eine sichere Ankunft hin. Die Form, die das Wachs auf dem Wasser annimmt, könnte für einen Gegenstand auf Ihrer Reise stehen. Löschen Sie die Kerze, und sprechen Sie folgende Worte:

So wie du dich über die Erde erhebst,
so halte auch von mir das Unglück fern.

Nehmen Sie den Kristall aus dem Wasser, und trocknen Sie ihn behutsam ab.

1 Nehmen Sie eine Glasschüssel oder eine silberfarbene Schüssel, in die Sie den Kristall legen wollen, und polieren Sie sie vorher blank.

2 Streuen Sie etwas Salz über den Kristall, schließen Sie dabei die Augen und entspannen Sie sich, indem Sie ein paar Momente lang meditieren. Zünden Sie dann die Kerze an.

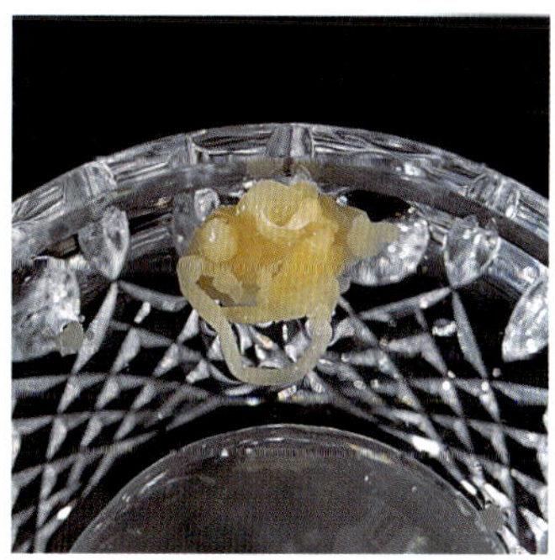

3 Lassen Sie sie eine Weile brennen, und tropfen Sie dann das Wachs auf die Wasseroberfläche.

Heim und Herd

Ein kleiner Zauber kann Wunder wirken, wenn Sie selbst schwierigste Situationen meistern und den häuslichen Frieden bewahren wollen.

Kapitel vier

Geschütztes Zuhause

Profitieren Sie von dieser keltischen Weisheit, und stellen Sie zu Hause wieder Harmonie her. Früher war es vorrangiges Ziel der Menschen, ihr Haus zu schützen; dort fühlten sich sie sich am wohlsten und waren daher auch am verletzlichsten. In vielen Teilen der Welt wählt man sogar die Baumaterialien aufgrund ihrer magischen Eigenschaften mit größter Sorgfalt aus. So verwendete man in alter Zeit beim Hausbau kein

dorniges Holz, denn dies hätte Unglück bedeutet. Wichtig war es auch, den Schutz von Mutter Erde ins Haus zu bringen und die Verbindung zu ihr wiederherzustellen.

Sie brauchen dafür:

SIEBEN EICHELN
EINE NADEL
ROTEN FADEN
EINEN LANGEN WEIDENZWEIG
ZWEI EBERESCHENZWEIGE
EFEU
ROTE BÄNDER

Machen Sie mit Ihrer Familie einen besonderen Ausflug aufs Land, und sammeln Sie in der Natur die Dinge (siehe Liste), die Sie für diesen Zauber benötigen. Seien Sie während dieses Abenteuers eins mit Mutter Natur, und danken Sie ihr respektvoll für ihre Gaben. Fädeln Sie zu Hause die Eicheln auf den roten Faden. Diese vollendeten Früchte mit ihren wunderschönen Körbchen erinnern uns daran, daß selbst aus etwas ganz Kleinem ein großes Wunder entstehen kann. Binden Sie den Weidenzweig zu einem Ring, der den Lebenszyklus darstellt. Winden Sie den Efeu zu einem Kranz, der die pralle Lebensfreude symbolisiert, und schmücken Sie ihn mit roten Bändern. Meditieren Sie kurz, wenn Sie fertig sind, und hängen Sie den Kranz bei sich zu Hause auf.

1 Fädeln Sie die Eicheln mit einer Nadel auf den roten Faden, knoten Sie die erste fest. Mit der Nadel kann man die Eichelnuß leicht durchbohren. Entfernen Sie die Körbchen nicht.

2 Eine dünne junge Weidenrute läßt sich leicht rund biegen. Achten Sie dabei auf ihre Textur und Form.

3 Verwenden Sie lange oder kurze Efeuranken, die Sie mit einem Stück Faden festbinden.

Kristall und Kerze

Dieses Ritual vertreibt böse Vorahnungen, wenn Sie zu den Menschen gehören, die sich allein zu Hause unwohl fühlen. Wenn äußere Einflüsse ins Haus gelangen oder Sie ein nervöser Mensch sind, dann hilft Ihnen dieses Ritual auch, der Ursache auf den Grund zu gehen. Gibt es in

Ihrem Haus einen Gegenstand, der Ihnen Unbehagen bereitet, dann entfernen Sie ihn. Manchmal gibt es keinen offensichtlichen Grund für verborgene Ängste, sie sind nur eine Reaktion auf Unbekanntes. Wenn Ihnen die gewählten Öle nicht zusagen, dann probieren Sie es doch mit der folgenden Mischung: Bergamotte, Muskatellersalbei, Weihrauch, Wacholderbeeren, Melisse, Neroli, Rosenattar oder Ylang-Ylang.

Sie brauchen dafür:

EINE WEISSE KERZE

LAVENDEL- UND KAMILLENÖL

EINEN ACHAT

Führen Sie dieses Ritual bei abnehmendem Mond genau dann durch, wenn Sie sich am unbehaglichsten fühlen. Schalten Sie alle Lichter im Haus ein, selbst wenn es Tag ist. Reiben Sie die Kerze mit den Ölen ein, und zünden Sie sie an. Stellen Sie sie möglichst in die Mitte Ihres Hauses. Setzen Sie sich, mit dem Kristall in der Hand, daneben. Fühlen Sie, wie das Licht und das Aroma der Kerze Ihren Körper umgeben und ihn erfüllen. Öffnen Sie alle Türen und Fenster. Gehen Sie im Uhrzeigersinn durch alle Räume, und ziehen Sie, mit dem Kristall in der ausgestreckten Hand, die ganze negative Energie heraus. Schütteln Sie den Kristall am Fenster jedes Raumes aus, und schicken Sie die bösen Geister weg. Beenden Sie Ihr Ritual an der Eingangstür des Hauses. Gehen Sie rückwärts durch die Tür hinaus, drehen Sie sich dreimal im Kreis und schütteln Sie dann zum Abschluß des Rituals den Kristall in der Luft aus. Waschen Sie ihn, und bewahren Sie ihn an einem sicheren Ort auf.

1 Der Kristall sollte sauber und glänzend sein, bevor Sie dieses Ritual beginnen. Nehmen Sie ihn in eine Hand, und legen Sie die andere Hand darüber.

2 Konzentrieren Sie sich besonders stark, während Sie die Runde durchs Haus machen. Halten Sie den Kristall zum Schluß etwa eine halbe Minute unter fließendes Wasser, trocknen Sie ihn dann ab und verwahren Sie ihn an einem sicheren Ort.

Küchenweisheit

Machen Sie Ihre Küche mit diesem Ritual zu einem Ort der Freude und Harmonie. Die Küche hatte in vielen Ländern schon immer magische

Eigenschaften und ist auch heute noch ein Sammelpunkt in der Wohnung. Eine ausgewogene Atmosphäre in der Küche wirkt nicht nur einladend und entspannend, sondern macht sie auch zum idealen Zeremonienort. Das Chi ist eine positive Energie, die alle Lebewesen erhält. Manchmal ist sie blockiert und erzeugt eine ungesunde Atmosphäre. Mit diesem Ritual bringen Sie das Chi in der Küche wieder in Fluß.

Kapitel vier Heim und Herd

Sie brauchen dafür:

PENDEL ODER SCHLÜSSEL
CA. 40 ZENTIMETER KORDEL
VERSCHIEDENE CHINESISCHE GEWÜRZE
EINE GLÄNZENDE METALLSCHALE
KOCHENDES WASSER

Um festzustellen, ob das Chi in Ihrer Küche schlecht fließt, sollten Sie dieses Ritual bei Tageslicht in einer ruhigen Minute durchführen. Ziehen Sie das Pendel oder den Schlüssel auf die Kordel, und halten Sie es vor sich hin; beim Gehen wird es regelmäßig hin- und herschwingen. Beginnen Sie in der Mitte des Raums, durchschreiten Sie ihn im Uhrzeigersinn und gehen Sie hinaus. Lassen Sie keinen Bereich aus. An der Stelle, wo das Pendel stehenbleibt oder merkwürdig schwingt oder in eine Richtung zieht, liegt eine Energieblockade vor. Achten Sie darauf, wo das ist. Harmonisieren Sie die Stelle, indem Sie zuerst die Gewürze in die Metallschale geben und diese in die Mitte dieses Bereichs stellen. Gießen Sie dann kochendes Wasser darüber, so daß aromatischer Dampf aus der Schale aufsteigt. Stellen Sie einen Spiegel an die Wand, die der Problemzone gegenüberliegt, um den negativen Energiefluß umzukehren. Stellen Sie möglichst viele Pflanzen in diesem Bereich auf. Der Unterschied wird Ihnen sofort auffallen.

1 Der Schlüssel muß senkrecht an der Kordel hängen.

2 Anfangs ist das Aroma ziemlich stechend, wenn Sie das kochende Wasser über die Gewürze gießen, aber es verflüchtigt sich nach kurzer Zeit, und ein angenehmer Duft steigt auf.

Süße Träume

Hören Sie auf eine Volksweisheit, um schlaflose Nächte zu vermeiden und gesünder zu schlafen. Viele Menschen leiden an Schlaflosigkeit. Ursachen sind Angst oder Aufregung, emotionale Belastungen, ein hyperaktiver Verstand, Erschöpfung oder unzureichende Belüftung im Schlafraum. Ob Sie müde sind, hat oft nichts mit der Schlafmenge zu tun; Ursache können auch schlechter Schlaf oder unausgewogene Ernährung sein. Schaffen Sie hier Abhilfe, indem Sie neue Schlafgewohnheiten finden, Ihre Umgebung harmonisch gestalten, auf Ihre Ernährung achten und das folgende Ritual durchführen.

Sie brauchen dafür:

25 GRAMM GETROCKNETES EISENKRAUT

500 MILLIMETER KOCHENDES WASSER

SIEBEN MINDESTENS 5,5 ZENTIMETER LANGE FEDERN

ETWAS FADEN

LAVENDELÖL

Übergießen Sie etwa eine halbe Stunde vor dem Zubettgehen das Eisenkraut mit kochendem Wasser, und lassen Sie es etwa zehn Minuten ziehen. Legen Sie inzwischen die Federn übereinander auf eine glatte Oberfläche. Verknoten Sie sie jeweils oben und unten, und lassen Sie dazwischen etwas Platz frei, so daß eine Leiter entsteht. Sprechen Sie dabei ruhig:

Laß meinen Verstand zur Ruhe kommen;
vertreibe meine Gedanken und
schenke meinem Körper Schlaf,
erhalte mir meinen Seelenfrieden.

Trinken Sie eine Tasse Tee, und hängen Sie das Amulett über Ihrem Bett auf. Sorgen Sie im Zimmer für ausreichende Belüftung, und geben Sie einen Tropfen Lavendelöl auf die Glühlampe, wenn Sie schlafengehen. Legen Sie sich ins Bett, und nehmen Sie das Lavendelaroma mit Ihren Sinnen auf. Konzentrieren Sie sich auf die Federn und auf die Vögel, von denen sie stammen. Steigen Sie im Geist die Federtreppe in den Himmel der Vögel hinauf. Schlafen Sie gut!

1 Legen Sie die Federn so hin, daß der Kiel einmal oben und einmal unten liegt. Verknoten Sie zuerst das eine, dann das andere Ende.

2 Schließen Sie die Augen, während Sie den Tee trinken, und lassen Sie sich die Zauberworte durch den Kopf gehen.

Fruchtbarkeitsritus

Ein hilfreiches, unbedenkliches Ritual, das der Natur die Gelegenheit gibt, ihren eigenen Zauber walten zu lassen. Seit Urzeiten werden von Männern und Frauen Fruchtbarkeitsriten durchgeführt. Heute ist uns

der Kontakt zum natürlichen Kreislauf der Jahreszeiten weitgehend verlorengegangen. Der richtige Zeitpunkt für dieses Ritual ist ein Februarneumond. Dann beginnt die Natur, sich zu regenerieren. Falls Sie der Natur ein wenig nachhelfen wollen, vermeiden Sie übermäßigen Alkoholkonsum und stark säurehaltige Speisen und Früchte. Grün ist die Farbe der Fruchtbarkeit, während Weiß für den Beginn einer neuen Phase steht.

Sie brauchen dafür:

EIN HOHLES EI, Z.B. EIN OSTEREI AUS PAPPE
EINE WEISSE KERZE
EINEN GRANATAPFEL
EINEN GRÜNEN BEUTEL

Öffnen Sie am Abend das hohle Ei, und legen Sie es aufs Fensterbrett, wo es vom Mondlicht beschienen werden kann. Machen Sie es sich bequem, und zünden Sie die Kerze an. Konzentrieren Sie sich auf ihr Leuchten, und versuchen Sie, sich auf Ihre natürlichen Sinne einzustimmen. Schälen Sie den Granatapfel, ziehen Sie jeden Samen einzeln heraus und essen Sie das saftige Fruchtfleisch. Heben Sie die Samen auf, und lassen Sie sie über Nacht trocknen. Legen Sie sie am nächsten Morgen in das Ei und verschließen es. Machen Sie bis zum nächsten Vollmond täglich einen Spaziergang, und sammeln Sie zwei kleine Gegenstände aus der Natur, z. B. einen Stein, ein Blatt oder Samen. Bewahren Sie diese Dinge in einem grünen Beutel unter Ihrem Kopfkissen auf. Achten Sie bei Ihren Spaziergängen auf die Lebewesen um Sie herum, und äußern Sie den Wunsch, selbst an diesem Wunder der Natur teilhaben zu dürfen. Wenn der Mond richtig voll ist, lassen Sie das Ei über Nacht offen liegen. Verschließen Sie es am folgenden Tag, und legen Sie es in eine dunkle Schublade.

1 Essen Sie den Granatapfel in aller Ruhe. Genießen Sie seine Beschaffenheit, seine Farbe, den Geschmack seiner Samen und die magische Form der Frucht.

2 Falls das Ei eine besondere Farbe haben soll, können Sie es ganz einfach mit Silberfolie oder bunter Folie überziehen.

3 Suchen Sie die Gegenstände aus der Natur, die in den grünen Beutel gehören, sorgfältig und würdevoll aus – halten Sie Ausschau nach ausgefallenen Farben und ungewöhnlichen Formen.

Schutzzauber

Dieser Zauber stärkt und schützt Ihr Zuhause und Ihre Familie und erleichtert Ihnen die Verbindung zur Natur. Dieses Ritual sollten Sie vierteljährlich jeweils an Samhaine (31. Oktober), Imbolc (2. Februar), Beltaine (30. April) und Lagnasad (1. August) durchführen. Das sind die wichtigsten traditionellen „Sabbattage", an denen sich die Hexen versammelten, und die geeigneten Zeitpunkte, sich von Altem zu verabschieden, Neues willkommen zu heißen und den Zyklus der Jahreszeiten feierlich zu begehen. Führen Sie das Ritual an diesen wichtigen Wendepunkten des Jahres durch; das hebt Ihre Stimmung und fördert die Harmonie in Ihrem Heim.

Kapitel vier Heim und Herd

Sie brauchen dafür:

FEUER ODER FÜNF ROTE KERZEN ALS SYMBOL FÜR FEUER

GRÜNE ZWEIGE UND BLUMEN, JE NACH JAHRESZEIT

SYMBOLE FÜR SICH SELBST UND IHRE FAMILIE

EINE TASSE QUELLWASSER

Falls Sie eine offene Feuerstelle haben, machen Sie sie zum Mittelpunkt des Rituals. Genausogut können Sie aber auch brennende Kerzen nehmen oder im Garten ein Feuerchen anzünden. Sammeln Sie die Zweige und Blumen mit der ganzen Familie, und tauschen Sie die Erinnerungen aus, die Ihre Wahl bestimmt haben. Bedanken Sie sich für die Gaben der Erde. Jeder Sabbat hat sein eigenes „Sigill", seine eigene Form. Schmücken Sie es mit Symbolen für sich und/oder Ihre Familie. Stellen Sie sich dann im Kreis auf, fassen Sie sich an den Händen und bleiben Sie einen Moment lang schweigend stehen. Reichen Sie das Wasser im Uhrzeigersinn an alle Anwesenden weiter. Jeder trinkt einen Schluck und bittet um einen Segen im folgenden Vierteljahr. Lassen Sie das Sigill vierundzwanzig Stunden zu Hause liegen, und hängen Sie es dann über die Wohnungstür.

1 **Dieses Sigill für Beltaine besteht aus zwei gerade gewachsenen Zweigen, die zusammengebunden und mit Efeu, Geißblatt und Blumen verziert werden.**

2 **Machen Sie einen Familienausflug, und suchen Sie das Zubehör für das Ritual in der Natur.**

HEXENSABBATE

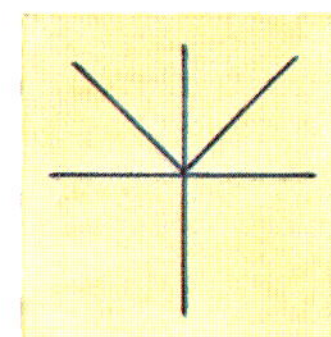

Imbolc

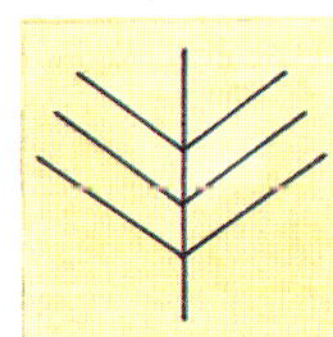

Beltaine

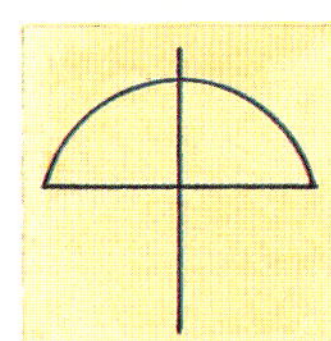

Lagnasad

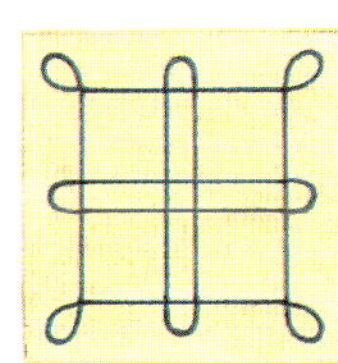

Samhaine

Abschied von den Kindern

Dieser Zauber hilft Ihnen, Ihre Gefühle besser zu verarbeiten, wenn Ihre Kinder ausziehen. Wer sich jahrelang um die Bedürfnisse anderer gekümmert hat und nun plötzlich

in einem leeren Haus wohnt, verspürt auch eine innere Leere. Die heftigen Gefühle, die dabei aufwallen, lassen oft den Eindruck entstehen, Sie seien überbesorgt und mischten sich zu sehr ein, obwohl Sie es doch nur gut meinen. Schließlich wollen Sie ja keinesfalls die Liebe zerstören, die im Lauf der Jahre gewachsen ist. Sie geben den Kindern Ihre Liebe mit auf den Weg, den Sie ihnen geebnet haben. Damit festigen Sie die Bande zwischen sich und Ihren Kindern.

Sie brauchen dafür:

EINE SILBERNE KERZE

NACHTKERZENÖL

EINE EIGENE HAARSTRÄHNE

EINE HAARSTRÄHNE IHRES KINDES

EIN STÜCK SILBERNES BAND

Die Nachtkerze ist die Blume der stummen Liebe. Verbrennen Sie das Öl zu Hause möglichst oft, um Ihre Ängste zu beschwichtigen. Da Sie einige Ihrer Gefühle loslassen wollen, sollten Sie bei abnehmendem Mond arbeiten. Reiben Sie an einem stillen Ort die silberne Kerze mit etwas Nachtkerzenöl ein, und zünden Sie sie an. Silber ist die Farbe der Intuition und der verborgenen Fähigkeiten. Denken Sie liebevoll an Ihr Kind, während Sie die beiden Haarsträhne zusammenzwirbeln. Wickeln Sie sie dann vollständig mit dem silbernen Band ein. Wünschen Sie Ihrem Kind dabei alles Gute auf seinem Weg, und versprechen Sie, im Notfall immer für es dazusein. Küssen Sie Ihr silbernes Päckchen, und schneiden Sie es dann in der Mitte durch. Küssen Sie beide Hälften, und bewahren Sie sie dann an einem besonderen, sicheren Ort auf.

1 Nehmen Sie beide Haarsträhnen zwischen Daumen und Zeigefinger und zwirbeln Sie sie. Wickeln Sie das Band der Länge nach um das Haar, und befestigen Sie es mit etwas Klebeband.

2 Spüren Sie, wie Ihre Liebe und Unterstützung zu Ihren Kindern getragen werden, während Sie ihr Wesen in den Händen halten und das Päckchen an die Lippen führen.

Günstige  Gelegenheiten

Brauchen Sie etwas Inspiration für Ihre derzeitige Beschäftigung, eine neue Arbeitsstelle, mehr Geld und Glück? Dann helfen Sie mit den im folgenden beschriebenen magischen Ritualen doch ein wenig nach!

Kapitel fünf

Apfel und Apfelwein

Mit diesem altenglischen Amulett starten Sie gut in Ihre neue Arbeit. Der Apfelbaum war bei den Kelten als Lebensbaum bekannt und auch den Griechen und Römern heilig. Laut einer nordischen Legende bescherten Äpfel den Göttern ewige Jugend, während diese

Frucht bei den Ureinwohnern Amerikas den „Himmelsbaum" verkörperte. Mit Apfelbäumen wollte man böse Geister fernhalten, und wenn die Ernte eingebracht war, ließ man immer ein paar Früchte liegen, um die guten Geister zu besänftigen. Bei Zauberritualen verwendet man die Frucht und das Holz dieses Baumes. Lassen Sie diesen Zauber wirken, wenn Sie eine neue Arbeitsstelle antreten oder Erfolg in Ihrem Beruf haben wollen.

Sie brauchen dafür:

FÜNF ORANGEFARBENE KERZEN
EINEN ZWEIG VOM APFELBAUM
EIN KLEINES MESSER
EINEN APFEL
EINE SCHALE
EIN SYMBOL FÜR IHRE ARBEIT
APFELWEIN (CIDRE)

Stellen Sie die brennenden Kerzen an einem Freitagabend in einem großen Kreis auf. Nehmen Sie orangefarbene, denn das ist die Farbe der Zuversicht und Entschlossenheit. Legen Sie alle anderen Zutaten in die Kreismitte. Zeichnen Sie mit dem Zweig im Uhrzeigersinn einen Innenkreis auf den Boden. Zur Durchführung dieses Zaubers müssen Sie innerhalb des magischen Kreises bleiben. Schneiden Sie den Apfel mit dem Messer in 22 Stücke; die Zahl 22 beinhaltet die gesamte Magie anderer Zahlen. Lassen Sie alle Apfelstücke der Reihe nach in eine Schale fallen, und wünschen Sie sich dabei Glück für Ihr Vorhaben. Obendrauf legen Sie das Symbol Ihrer Arbeit und träufeln ein bißchen Cidre darüber. Rühren Sie nun alles im Uhrzeigersinn um. Ihre Bemühungen werden in Ihrem Leben bald Früchte tragen. Schließen Sie die Augen, und wünschen Sie sich Erfolg, bevor Sie mit dem Cidre einen Trinkspruch zum besten geben.

1 Lassen Sie zwischen den Kerzen einen Abstand, denn der Kreis muß groß genug sein.

2 Stellen Sie sich in den Kerzenring, und schneiden Sie den Apfel in 22 etwa gleich große Stücke.

3 Schenken Sie sich ein Glas Cidre ein, schließen Sie die Augen und wünschen Sie sich etwas, bevor Sie das Glas leeren.

Sonnensegen

Dieser Zauber verhilft Ihnen zu mehr Inspiration, wenn Ihr Ideenfluß ins Stocken geraten ist und Sie geistig blockiert sind. Das Johanniskraut (*Hypericum perforatum*) mit seinen kleinen sonnenartigen Blüten ist eine in ganz

Europa verbreitete wildwachsende Pflanze. Den Blüten, die traditionsgemäß im Hochsommer gepflückt werden, wohnt ein Zauber inne, der, wie es früher hieß, lange Zeit anhält, wie ein Tonikum wirkt und vor bösen Vorzeichen schützt. Bei den Griechen hieß es, der von den Blattdrüsen produzierte Geruch sei so stark, daß er böse Geister vertreiben könne. *H. perforatum* läßt sich leicht ziehen und sieht in jedem Garten oder Blumenkasten schön aus.

Kapitel fünf Günstige Gelegenheiten

Sie brauchen dafür:

JOHANNISKRAUTÖL

GETROCKNETE JOHANNISKRAUTBLÜTEN

EINE AUSGABE DER WERKE VERGILS

STIFT UND PAPIER

Stehen Sie im Morgengrauen auf, und lassen Sie sich ein warmes Bad ein, dem Sie sechs Tropfen Johanniskrautöl hinzufügen. Entspannen Sie sich darin mindestens zehn Minuten, und spüren Sie, wie das Wasser Ihren Körper umfließt und die Gedanken aus Ihrem Kopf vertreibt. Trocknen Sie sich ab, kleiden Sie sich in leuchtenden Farben und machen Sie sich ein gutes Frühstück. Wickeln Sie die Blüten in etwas Papier, und bewahren Sie sie dicht bei sich auf. Nehmen Sie das Buch, und schlagen Sie es mit geschlossenen Augen aufs Geratewohl auf; legen Sie Ihren Finger irgendwo auf die offene Seite. Schreiben Sie das Wort, auf dem Ihr Finger gelandet ist, auf, und lesen Sie dann den ganzen Abschnitt. Ziehen Sie eine kurze Linie von dem Wort, das Sie notiert haben, und schreiben Sie das nächste Wort oder die nächsten Worte auf, die Ihnen in den Sinn kommen. Tun Sie das, ausgehend vom Ursprungswort, so oft, bis die Seite voll ist. Sie können diesen Teil des Zaubers auch auf dem Weg zur Arbeit durchführen.

1 Sie haben sich aufgerafft und sind im Morgengrauen aufgestanden. Öffnen Sie ein Fenster, und genießen Sie, was Sie zu dieser magischen Tageszeit sehen und hören.

2 Haben Sie den ersten Teil des Zaubers durchgeführt, dann nehmen Sie Ihre Vergilausgabe an einen beliebigen Ort oder zur Arbeit mit, und schlagen die Seiten aufs Geratewohl auf, um Ihr Wort zu finden.

Goldener Mohn

Dieser Zauber aus Amerika verhilft Ihnen zu finanziellem Glück. Der kalifornische Mohn mit den leuchtend orangegelben Blüten wird auch „Goldblume" genannt. Für die Ureinwohner Amerikas symbolisiert er die Freuden des Lebens. Bei diesem Zauber kommt es darauf an, daß Sie nicht aus Gier handeln. Entspricht Ihr Leben nicht so ganz Ihren Vorstellungen, müssen Sie unter Umständen ein paar wichtige Veränderungen vornehmen, um Ihre Lebensqualität zu steigern – bedenken Sie, daß Geld allein nicht glücklich macht. Hören Sie auf Ihr Herz, und erkennen Sie, wieviel Freude Sie bereits erleben durften. Das Universum wird Sie mit seinen Gaben überschütten und Ihr Leben noch mehr bereichern.

Kapitel fünf Günstige Gelegenheiten

Sie brauchen dafür:

EINE GOLD- UND EINE SILBERMÜNZE

EINE GOLDENE KERZE

STIFT UND PAPIER

MOHNSAMEN

Beginnen Sie mit diesem Zauber an einem Donnerstagabend bei zunehmendem Mond. Laden Sie die Münzen mit Mondlicht auf, und rufen Sie für die bevorstehende Aufgabe Jupiters Segen an. Zünden Sie die Kerze an, und schreiben Sie bei Kerzenlicht die Gründe auf, weshalb Sie eine finanzielle Glückssträhne brauchen und was Sie mit dem Geld tun würden. Nehmen Sie sich genügend Zeit dafür, denn diese Aufstellung ist sehr wichtig. Legen Sie die Münzen rechts und links neben die Kerze, und löschen Sie diese. Legen Sie das Papier unter die Kerze, und gehen Sie schlafen. Zünden Sie die Kerze am nächsten Abend wieder an, und überprüfen Sie Ihre Liste – vielleicht wollen Sie etwas ergänzen. Sind Sie damit zufrieden, dann meditieren Sie ein paar Minuten über der Kerzenflamme. Verbrennen Sie die Liste, und sammeln Sie die Asche auf. Vermischen Sie sie mit den Mohnsamen und den Münzen, und pflanzen Sie sie an Ihrem Lieblingsort ein.

1 Lassen Sie, wenn Sie die Liste schreiben, Ihr Leben mit seinen Erfolgen und Mißerfolgen Revue passieren, und überlegen Sie, welchen Einsatz Sie für Ihr finanzielles Glück bringen müssen.

2 Überlegen Sie sich, während Sie die Liste in der Flamme verbrennen, welches kleine Geschenk Sie machen könnten, sollte sich das Glück einstellen.

Sich regen bringt Segen

Berufliche Selbständigkeit hat auch in guten Zeiten ihre Tücken. Wenn Sie daher mehr Aufträge haben wollen, könnte Ihnen dieser Zauber helfen. Analysieren Sie zuerst einmal Ihre

Gefühle und Ihre Einstellung zu Ihrer Arbeit. Vielleicht stellen Sie fest, daß Ihr Leben eine Wendung genommen hat und die Arbeit Ihnen keinen Spaß mehr macht. Wir wollen alle leben und müssen unsere Rechnungen bezahlen, aber wahrer Wohlstand läßt sich auch an der Lebensqualität ablesen. Wenn Sie sicher sind, welchen Weg Sie einschlagen wollen, dann lassen Sie sich bei der Durchführung des Rituals vom Neumond leiten.

Kapitel fünf Günstige Gelegenheiten

Sie brauchen dafür:

- EINE WEISSE KERZE
- FEDERHALTER UND TINTE
- ETWAS PAPIER
- EINEN BRIEFUMSCHLAG
- EIN GLAS WASSER
- EINE FLASCHE
- EIN SYMBOL FÜR IHRE ARBEIT

Zünden Sie die Kerze an – Weiß steht für Neuanfänge –, und stellen Sie sich vor, Sie hätten Arbeit. Verleihen Sie Ihren Ängsten Gestalt, und bringen Sie diese dann zu Papier. Stecken Sie das Papier in den Umschlag, und versiegeln Sie ihn mit Kerzenwachs. Notieren Sie nun mit Tinte positive Gedanken in bezug auf die Arbeit, die Sie brauchen, und legen Sie das Papier in ein Glas Wasser. Drehen Sie das Glas dreimal im Uhrzeigersinn, so daß die Tinte verläuft.

Gießen Sie das Wasser, das Ihre Gedanken enthält, in eine Flasche. Legen Sie den Umschlag mit Ihren Ängsten in die Tiefkühltruhe, und lassen Sie ihn so lange wie nötig darin liegen. Gehen Sie mit der Flasche an einen Ort mit fließendem Wasser. Nehmen Sie auch das Symbol für Ihre Arbeit mit, und geben Sie es der ersten Person, der Sie begegnen. Gießen Sie das Wasser in Gedanken ins fließende Wasser, und wünschen Sie sich dabei Glück für Ihre zukünftige Arbeit.

1 Am besten verwenden Sie für diesen Zauber braune Tinte, denn Braun ist eine Erdfarbe. Beobachten Sie, wie die Tinte im Wasser verläuft und sich Ihre Gedanken ausbreiten.

2 Sie müssen die Kerze eine Zeitlang brennen lassen, damit Sie den Umschlag mit dem weichen Wachs versiegeln können.

Goldener Mond

Dieser Zauber macht Sie empfänglich für alle Chancen, die in Ihrer Reichweite liegen. Ein guter Zeitpunkt dafür sind die Monate August und September, kurz vor der Ernte. Bereiten Sie sich unbedingt darauf vor, und führen Sie an den drei Vortagen ein Reinigungsritual durch. Nehmen Sie nach dem Aufwachen ein Bad, in das Sie sieben Tropfen Ihres bevorzugten ätherischen Öls und einen Teelöffel Salz – als Symbol der Unsterblichkeit und des Schutzes – gegeben haben. Suchen Sie sich einen Raum aus, in den der Mond scheint, oder einen ruhigen Ort im Freien.

Kapitel fünf Günstige Gelegenheiten

Sie brauchen dafür:

ZWEI SPIEGEL

DREI ORANGEFARBENE KERZEN

ETWAS ORANGEFARBENE KORDEL

SILBERTALERSAMEN

Stellen Sie die Spiegel einander gegenüber, so daß ein Spiegel das Mondlicht im anderen reflektiert. Erwärmen Sie eine Kerze, damit Sie Ihre Initialen oben ins warme Wachs ritzen können. Stellen Sie die Kerzen ringsum so auf, daß Sie Ihre Initialen sehen können, und stellen Sie sich genau zwischen die Spiegel. Zünden Sie die Kerzen an, und gehen Sie wieder an Ihren Platz zurück. Halten Sie dabei die Kordel in der rechten und die Silbertalersamen in der linken Hand. Bleiben Sie im Mondlicht stehen, und nehmen Sie seine Energie auf, während die Kerze weiterbrennt und die Buchstaben Ihres Namens zum Vorschein kommen. Machen Sie sieben Drehungen im Uhrzeigersinn, und ziehen Sie dabei die Kordel durch die Luft, um die Mondstrahlen um Ihren Körper einzufangen. Öffnen Sie sich, um alles zu empfangen, was des Weges kommt. Legen Sie dann die Samen unters Kopfkissen, und gehen Sie zu Bett. Vergraben Sie sie am nächsten Tag in der Erde.

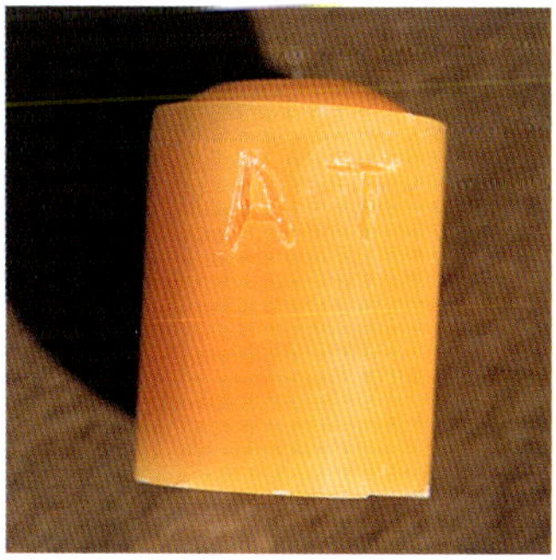

1 Am besten erwärmen Sie die Kerze auf einem warmen Heizkörper, damit das Wachs nicht sofort schmilzt.

2 Stellen Sie sich beim Einschlafen vor, daß Ihr Körper vom Mondlicht umflutet wird.

Grüner Kranz

Dieser keltische Segenszauber hilft Ihnen, sich wieder in den Arbeitsmarkt einzugliedern. Arbeitslosigkeit ist eine deprimierende, manchmal lähmende Erfahrung. Nach diesem traditionellen Ritual werden Sie

merken, daß sich Spannungen gelöst haben, und Sie werden sich erneuert fühlen. In Krisenzeiten wie beispielsweise bei Arbeitslosigkeit müssen wir auf unsere geistige Verfassung oft genauso achten wie auf unsere körperliche – wenn nicht sogar mehr. Eine Neuverbindung mit der Erde kann tiefe Wunden heilen und das Fundament für neue Stabilität legen. Fertigen Sie Ihr Amulett an, machen Sie eine Reise, wenn das Bedürfnis danach am stärksten ist, und seien Sie mit Leib und Seele dabei.

Sie brauchen dafür:

EINEN KRANZ AUS BLÄTTERN UND BLUMEN JE NACH JAHRESZEIT

EIN STÜCKCHEN HOLZ, IN DAS SIE IHREN NAMEN GERITZT HABEN

EIN STÜCK NATURFASERFADEN, Z.B. RUPFEN

Winden Sie aus den Gaben von Mutter Natur einen Kranz; Efeu eignet sich immer, ganz gleich, zu welcher Jahreszeit Sie diesen Zauber vollziehen. Aussehen und Größe des Kranzes sind unwichtig – Kreis- oder Kreuzform, es steht Ihnen frei. Das Wesentliche ist, daß Sie sich Zeit und Muße nehmen, um dieses Symbol – so gut Sie können – anzufertigen, damit es schön aussieht. Befestigen Sie daran mit dem Faden das Holzstück mit Ihrem Namen. Machen Sie mit Ihrem Kranz einen besonderen Ausflug zu einer natürlichen Wasserstelle – beispielsweise einem alten Brunnen oder einer Quelle. Legen Sie Ihre Opfergabe in der Nähe des Wassers ab, und bedanken Sie sich für Ihre Talente. Bleiben Sie eine Weile sitzen, und lassen Sie die Magie und die Stille dieses Ortes tief auf sich wirken. Lassen Sie Frieden in Ihr Gemüt einziehen.

1 Nehmen Sie eine Kletterpflanze wie Efeu, Geißblatt oder Immergrün, und binden Sie sie mit dem Rupfen zur gewünschten Form zusammen.

2 Flechten Sie hier und da Blumen ein, und lassen Sie etwas Platz für Ihren persönlichen Talisman.

Papier und Wachs

Führen Sie dieses Zauberritual unmittelbar vor einem Wettkampf oder einem Glücksspiel oder zu einem anderen Zeitpunkt durch, wenn Sie sich eine überraschende Glückssträhne wünschen.

Stellen Sie dieses Amulett bei zunehmendem Mond her, denn dann sind Ihre Erfolgschancen besonders groß. Wir alle wünschen uns insgeheim, einmal im Leben im Geld zu schwimmen, und stellen uns vor, was wir damit alles tun könnten. Selbst eine kleine Geldsumme ist ein willkommenes Extra, sofern man sie weise einsetzt. Sie erinnern sich: Wenn Sie aus Eigennutz handeln, werden Sie keinen Reichtum ernten – mehr Erfolg haben Sie, wenn es Ihr ehrlicher Wunsch ist, anderen ebenso wie sich selbst zu helfen.

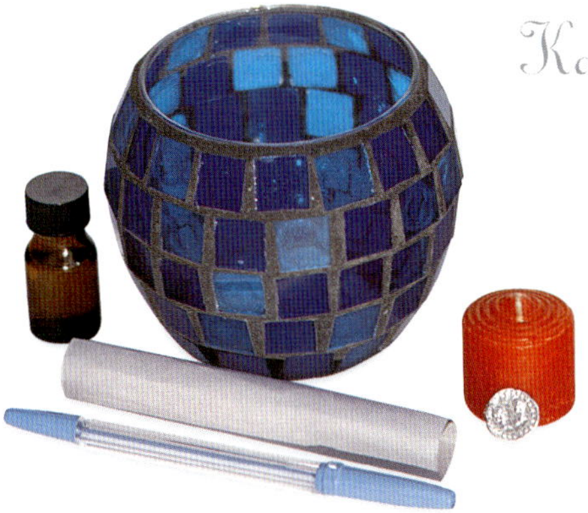

Kapitel fünf Günstige Gelegenheiten

Sie brauchen dafür:

EINE SILBERMÜNZE

EINE ROTE, MIT WEIHRAUCHÖL EINGERIEBENE KERZE

EINEN STIFT UND EINE PAPIERROLLE

EIN GELDGEFÄSS

Ein Geldgefäß ist einfach ein Aufbewahrungsort für Geld, das Sie ausschließlich für dieses Ritual im Sinne eines guten Zwecks verwenden sollten. Das könnte ein Beitrag für eine gute Sache oder die Unterstützung eines bedürftigen Freundes sein. Laden Sie die Silbermünze mit Mondlicht auf, und zünden Sie die eingeriebene Kerze an. Behalten Sie die Münze in der Hand, und schreiben Sie auf, wie groß das Geldgeschenk sein soll, das Sie machen würden, falls Sie viel Geld gewinnen würden. Seien Sie ehrlich! Versiegeln Sie die Rolle mit Kerzenwachs, und legen Sie sie in das Gefäß. Legen Sie die Silbermünze sowie einen beliebigen Gegenstand, den Sie hinzufügen möchten, obendrauf, z. B. mehr Geld oder einen persönlichen Talisman. Setzen Sie sich neben die Kerze, und stellen Sie sich vor, daß rings um Sie Erfolg erstrahlt. Wenn Sie demnächst an einem Wettbewerb teilnehmen, nehmen Sie die Münze mit und erinnern sich an den Kerzenglanz. Legen Sie die Originalmünze immer in das Gefäß zurück, und werfen Sie jedesmal mehr Geld hinein.

1 Schreiben Sie auf, wie groß Ihr Geldgeschenk ausfallen soll. Vielleicht müssen Sie die Rolle flachdrücken, damit die Münze darauf haftenbleibt. Versiegeln Sie sie mit Wachs.

2 Legen Sie Rolle und Münze in das Gefäß. Denken Sie an das Geldgefäß, und meditieren Sie im Kerzenschein.

Jahreszeiten-riten

Sieben Zaubereien, die Ihnen das Gefühl der Verbundenheit und Harmonie mit Mutter Natur und ihren großartigen Gaben vermitteln

Kapitel sechs

Mariä Verkündung

Von den Druiden stammt dieses Ritual, mit dem man die lebenspendende Kraft des Lichtes begrüßt. Der Tag „Mariä Verkündigung“ (25. März) – oder auch Tag der Rückkehr der Göttin – ist

in England noch immer ein Zahltag, an dem die Miete fällig wird. Als Druiden bezeichneten die Kelten Männer und Frauen, die Zauberer und Priester zugleich waren. Oft veranstalteten sie Feste auf Anhöhen, bei denen sie große Leuchtfeuer entzündeten und damit quer übers ganze Land miteinander kommunizierten. Die Druiden ehrten die Sonne als lebenspendende Kraft und hießen sie in ihrem Leben willkommen. Dieses Ritual unterstreicht Ihre Verbindung mit dem Lebenszyklus.

Sie brauchen dafür:

EINE GELBE BLUME

EIN PAAR BOHNEN

Die gelbe Blume ist Zeichen dafür, daß Sie die großartige lebenspendende Kraft der Sonne anerkennen; die Bohnen bergen das Versprechen unserer Erneuerung in der Zukunft. Suchen Sie am 25. März eine Anhöhe auf; handelt es sich um eine Altertumsstätte, wird dies das Ritual noch verstärken. An solchen Plätzen leben die Geister der Vergangenheit, deren Gegenwart Sie mit etwas Übung erkennen werden und deren Stärke Sie sich zunutze machen können. Legen Sie die Blume auf die Anhöhe, und wenden Sie sich der Sonne zu. Breiten Sie die Arme aus, und begrüßen Sie die Sonne in Ihrem Leben, indem Sie sie durch Ihre Fingerspitzen anziehen und in Ihre Seele einströmen lassen. Machen Sie drei Drehungen im Uhrzeigersinn. Werfen Sie dabei die Bohnen weg, und geloben Sie, die Natur zu achten.

1 Nehmen Sie eine leuchtend gelbe Blume, und gehen Sie auf Ihrer Reise zur Anhöhe vorsichtig mit ihr um.

2 Heißen Sie die Sonne von ganzem Herzen willkommen, und spüren Sie, wie ihre Wärme und Lebenskraft tief in Sie eindringt.

3 Drehen Sie sich im Kreis, geben Sie Ihr Versprechen und werfen Sie die Bohnen mit aller Kraft möglichst weit weg.

Sonne und Erde

Ein Sommerzauber, mit dem Sie auf dem Höhepunkt des Jahres die Energien von Himmel und Erde anrufen können, damit Ihre Kraft und das Glück Sie nie verlassen. In vielen Ländern wird die Sommersonnenwende mit einem harmlosen magischen Ritual gefeiert. In Sommernächten entzündete man zu Ehren der Sonnenkraft ein Feuer. In Lappland flochten die Familien Sonnenringe aus getrocknetem Gras zu Ehren von Mutter Sonne und aßen aus nahrhaften Milchprodukten zubereiteten „Sonnenbrei“ mit der Bitte um Segen für ihre Rentierherden. Mittsommerliche Magie ist eher auf materielle als auf spirituelle Bedürfnisse und Wünsche zugeschnitten.

Sie brauchen dafür:

ETWAS LACKFARBE ODER EINEN WASSERFESTEN FILZSTIFT
EINEN GELBEN KIESELSTEIN ODER KRISTALL
EINE RINGELBLUME
SIEBEN STEINE

Falls Sie mit diesem Zauber ganz allgemein Glück anziehen wollen, beginnen Sie damit zur Mittagszeit. Wollen Sie um etwas Besonderes wie Liebe oder Geld bitten, dann fangen Sie am besten in der Morgendämmerung an. Die Ringelblume ist die Blume des Durchhaltevermögens, die ihr Gesicht immer der Sonne zuwendet. Malen Sie mit Farbe oder einem wasserfesten Marker Ihr Sternzeichen auf den gelben Kieselstein oder Kristall. Graben Sie in Ihrem Garten oder in einem großen Blumentopf ein Loch in die Erde, und legen Sie den Kiesel hinein. Pflanzen Sie die Ringelblume obendrauf, und legen Sie die sieben Steine drumherum. Sprechen Sie dazu folgende Worte:

Sing mir das Lied der Jahreszeiten,
zeige mir der Sonne Freuden,
öffne mein Herz für dein Strahlen,
führe mich ins Licht.

Kümmern Sie sich pfleglich um die Pflanze, und pflücken Sie ihre Blüten nicht.

1 Verzieren Sie den Kiesel mit Ihrem Sternzeichen. Auf der Abbildung sehen Sie das Symbol für das Tierkreiszeichen Steinbock.

2 Füllen Sie Erde in den Topf, oder suchen Sie sich im Garten ein ungestörtes Fleckchen. Legen Sie den Kiesel in die Erde.

3 Setzen Sie die Pflanze obendrauf, verteilen Sie Erde rundherum und legen Sie die sieben Steine in regelmäßigen Abständen um die Pflanze.

Geschenk aus Mexiko

Dieser Zauber wird die Segnungen der Sonne zu jeder Jahreszeit in Ihr Leben bringen. In Mexiko werden seit altersher Hexenkünste und magische Riten praktiziert. Heute lebt diese Tradition, die um spanische und aztekische, das Leben beeinflussende Rituale bereichert wurde, weiter. Den Schatten bzw. die Seele eines Menschen repräsentieren die Papierpuppen, die ursprünglich aus der Rinde des amate-Baums (Feigenbaums) hergestellt wurden und bei denen Herz und Magen durch Dreiecke dargestellt sind. In Vierergruppen aufgestellt, sind diese farbenfrohen schwarzen, gelben, roten oder weißen Puppen Symbol für Ideen oder Gottheiten.

Sie brauchen dafür:

RÄUCHERSTÄBCHEN

GELBES PAPIER

SCHILFROHRE

EIN PAAR BLUMEN

EINIGE ROTE CHILISCHOTEN

Führen Sie das Ritual im Freien an einem sonnigen Tag zu jeder beliebigen Jahreszeit durch. Zünden Sie ein Räucherstäbchen an, und schneiden Sie vier zusammenhängende Figuren aus dem gelben Papier. Traditionell verwendet man bei diesem Ritual zwar Palmblätter, aber Schilfrohr gibt es häufiger – und es ist ebenfalls gut geeignet. Formen Sie aus einigen Schilfrohren einen Stern. Verzieren Sie ihn mit Blumen und den kreuzweise gebundenen Chilischoten. Befestigen Sie sie mit Schilfrohr. Legen Sie den Stern vor sich auf die Erde, und nehmen Sie die Papierfiguren in die linke und ein Räucherstäbchen in die rechte Hand. Umkreisen Sie den Stern siebenmal im Uhrzeigersinn, wedeln Sie dabei mit dem Räucherstäbchen über Ihrem Opfer und sprechen Sie folgende Worte:

Strahlendes Gestirn, das den Himmel erleuchtet,
erwärme meine Seele und gib mir Kraft.

Vergraben Sie die Opfergabe, und nehmen Sie die Papierfiguren zur Erinnerung an den Segen mit nach Hause.

1 Die Papierfiguren können eine beliebige Person darstellen oder ganz allgemein einen Menschen symbolisieren.

2 Frisches Schilfrohr läßt sich leicht zu einem Stern biegen, an dem Sie die Chilischoten befestigen.

3 Konzentrieren Sie sich auf den Stern, während Sie mit dem Räucherstäbchen siebenmal um ihn herumgehen, und sagen Sie Ihren Spruch auf.

Septemberzauber

Dieser Zauber offenbart die wahrhaftige tiefere Bedeutung der Ernte und begleitet Sie durch die Wintermonate. Jetzt ist es Zeit, die Ernte einzuholen und sich Gedanken darüber zu machen, welche Lebens-

bereiche in Zukunft am vielversprechendsten sein werden. Bei den Kelten ist der September der Monat Muin, der der Weinrebe und dem Gott Kugh heilig ist und Weisheit sowie spirituelle Erleuchtung verkörpert. Die Herbsttagundnachtgleiche fällt in den September, wenn die Nacht wieder genauso lang ist wie der Tag. Diese Zeit gibt uns Gelegenheit, um unser inneres Gleichgewicht wiederzufinden, mit Dingen ins reine zu kommen und fürs kommende Jahr „Samenkörner" zurückzulegen.

Sie brauchen dafür:

- EINE LEERE KAFFEEKANNE MIT DECKEL
- ETWAS FARBE UND EINEN PINSEL
- GETROCKNETE TRAUBENKERNE
- DREI RÄUCHERSTÄBCHEN
- EINEN SPIEGEL
- ETWAS SAND

Bemalen Sie die Kaffeekanne mit Symbolen Ihres Lebens in den Herbstfarben. Bringen Sie zum Schluß sichtbar Ihren Namen oder Ihre Initialen an. Lösen Sie aus ein paar Trauben ungefähr 20 Kerne heraus, und lassen Sie sie gut trocknen. Legen Sie an einem Montag um Mitternacht die Räucherstäbchen vor den Spiegel auf einen Tisch. Füllen Sie die Kaffeekanne mit Sand und den Kernen, und schütteln Sie sie. Zünden Sie das Räucherstäbchen an, und schalten Sie alle anderen Lichtquellen aus. Setzen Sie sich vor den Spiegel, aber nicht zu dicht. Stecken Sie die rechte Hand in die Kanne, und konzentrieren Sie sich auf das Leuchten und das Spiegelbild. Wenn Sie mit den Fingerspitzen einen Kern berühren, dann reflektieren Sie über ihn und entscheiden, ob Sie sich von diesem Teil Ihres Lebens trennen sollen oder ob er den Keim eines Neuanfangs birgt. Legen Sie die Kerne, die Sie behalten und die Sie wegwerfen wollen, auf zwei Häufchen – vergraben oder verbrennen Sie die aussortierten Kerne am nächsten Tag.

1 **Grundieren Sie die Kanne, bevor Sie sie bemalen. Lassen Sie bei der Gestaltung der Symbole Ihrer Phantasie freien Lauf.**

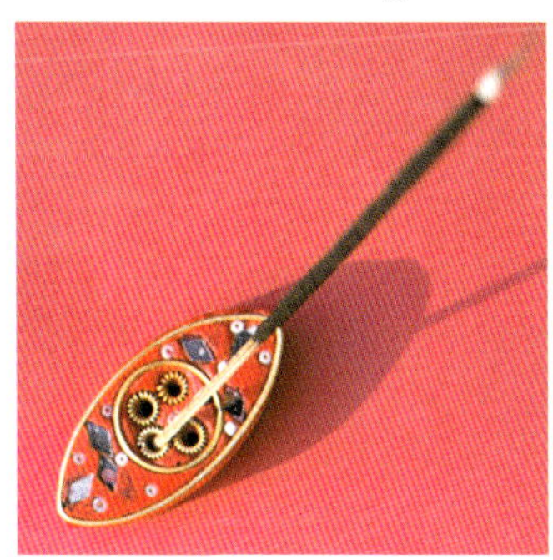

2 **Holen Sie alle Zutaten dicht zu sich heran, bevor Sie das Räucherstäbchen anzünden, und suchen Sie sich für den zweiten Teil des Zaubers ein ungestörtes Plätzchen.**

Jahreskreis

Ein Zauber für die Julezeit, den Wendepunkt im Jahreskreis, wenn wir uns auf bessere Zeiten freuen. Unter den Bräuchen unseres Weihnachtsfestes findet man Spuren antiker heidnischer Riten, mit denen man die Wintersonnenwende feierte, wenn die Nächte wieder kürzer wurden und eine Wiedergeburt verhießen. Zu dieser Zeit feierten die Römer die Saturnalien und schmückten ihre Häuser mit Stechpalmen und Lorbeer. Die Stechpalme ist ein Symbol für das Leben, das auf den Tod des Winters folgt. Dieses Ritual ist für die ganze Familie gedacht und sollte am besten am 21. Dezember, dem Tag der Wintersonnenwende, durchgeführt werden.

Kapitel sechs Jahreszeitenriten

Sie brauchen dafür:

- NÜSSE UND OBST FÜR VÖGEL
- GETROCKNETES OBST ODER ORANGEN
- ZWEIGE VON STECHPALME UND EFEU
- WACHOLDERÖL UND EINE DUFTLAMPE
- ROTES BAND
- EINE KERZE
- STIFT UND PAPIER

Stehen Sie vor Tagesanbruch auf, und begrüßen Sie die Morgendämmerung, indem Sie Nüsse und Früchte für die Vögel ausstreuen. Frühstücken Sie mit Ihrem Partner oder Ihrer Familie, und essen Sie dazu auch getrocknete Früchte oder Orangen, die die Sonne symbolisieren. Pflücken oder kaufen Sie Zweige von Stechpalme und Efeu. Traditionell tragen die Männer die Stechpalme und die Frauen den Efeu. Verbrennen Sie Wacholderöl im Haus, um alle bösen Geister zu vertreiben. Legen Sie im Hauseingang eine Efeugirlande um den Türrahmen, und befestigen Sie einen Stechpalmenzweig mit rotem Band über dem Türsturz. Setzen Sie sich am Spätnachmittag um die brennende Kerze, und bitten Sie alle, ihren Kummer auf das Papier zu schreiben oder zu zeichnen, und verbrennen Sie dieses dann in der Flamme.

Äußern Sie reihum Ihre Wünsche für künftiges Glück. Fassen Sie sich an den Händen, und konzentrieren Sie sich alle auf die Erfüllung Ihrer Wünsche fürs neue Jahr.

1 Bereiten Sie ein ganz besonderes Frühstück zu. Mit diesem Ritual vertreiben Sie die eintönigen, finsteren Wintermonate und machen einen Neuanfang.

2 Binden Sie die Grünpflanzen zu Girlanden, die Sie dann rings um die Türstöcke anbringen.

3 Versammeln Sie sich im engsten Familienkreis um die Kerze, und seien Sie fröhlich und ausgelassen.

Grüner Drache

In der chinesischen Tradition macht uns dieser Zauber Mut, neue Wege einzuschlagen und den Sinn unseres Lebens klar zu erkennen. In der chinesischen Mythologie formte der Himmelsvater die Menschen aus Lehm, den er dann in der Sonne trocknen ließ. Als es zu regnen begann, sammelte er die Figuren schnell ein und brachte sie in Sicherheit. Aber einige wurden dabei beschädigt. Daraus wurden kranke Menschen, während die unversehrten Figuren gesund blieben. So wie im wirklichen Leben geschehen viele Dinge zufällig. Wenn wir uns diesem Zufall nicht ganz ausliefern, haben wir unser Schicksal wenigstens teilweise in der Hand.

Sie brauchen dafür:

FARBE ODER WASSERFESTE TINTE

SECHS HELLE STEINE

EIN STOFFSÄCKCHEN

Das Yang-Symbol, eine durchgehende Linie, bedeutet „ja"; das Yin-Symbol, eine unterbrochene Linie, steht für „nein". Malen Sie das Yang-Zeichen auf eine Seite und das Yin-Symbol auf die andere Seite der Steine. Legen Sie diese dann in das Säckchen. Sie wollen nicht Ihre Zukunft vorhersagen, sondern nur um Führung bitten. Stellen Sie eine direkte oder eine Ja-Nein-Frage, und werfen Sie dann die Steine der Reihe nach hin, ohne hinzusehen. Anschließend dürfen Sie hinschauen – kommt eine gerade Zahl dabei heraus, dann versuchen Sie es noch einmal. Passiert wieder dasselbe, dann formulieren Sie die Frage anders. Zeigen die Steine überwiegend Ja oder überwiegend Nein, dann sollten Sie die Antwort beherzigen. Zeigen alle sechs Steine dieselbe Antwort, dann handeln Sie sofort!

1 **Steine mit Yin- und Yang-Symbolen können Sie zwar auch kaufen, aber wenn Sie sie selbst bemalen, hat der Zauber größere Wirkung.**

2 **Die Steine müssen trocken sein, bevor Sie sie in das Säckchen legen. Kommen Sie, bevor Sie sie werfen, zur Ruhe.**

Kreuzungen

Ein Halloweenritual, das Sie in einer der magischsten Nächte des Jahres durchführen sollten. Die Halloweennacht oder Allerseelen fällt auf den 31. Oktober und

läutet das Fest von Samhaine ein. Der Schleier zwischen dieser Welt, der Gegenwart, und der Anderwelt, der Vergangenheit, ist jetzt dünner und erleichtert dadurch die Kommunikation. Dieses Halloweenritual soll uns an die Vergänglichkeit der Natur erinnern, die sich jetzt zum Winterschlaf zurückzieht. Lassen Sie für eine Weile die Hektik des Alltags hinter sich, und feiern Sie das Leben verstorbener Freunde und Familienmitglieder.

Sie brauchen dafür:

FÜNF PURPURFARBENE KERZEN

EIN ERINNERUNGSSTÜCK, Z.B. EIN FOTO, DAS AN VERGANGENE ZEITEN ODER EINEN GELIEBTEN MENSCHEN ERINNERT

ZWEI 30 ZENTIMETER LANGE HASELZWEIGE

EINE LANGE PURPURFARBENE KORDEL

Beginnen Sie mit diesem Ritual an Halloween nach 21 Uhr. Zünden Sie die Kerzen an, und stellen Sie sie kreisförmig so auf, daß Sie noch mühelos drum herumgehen können. Legen Sie das Souvenir in die Mitte und darüber die gekreuzten Haselzweige. Führen Sie die Kordel kreisförmig außen um die Kerzen herum, steigen Sie dann in den Kreis und schließen Sie ihn hinter sich. Legen Sie die Zweige beiseite, setzen Sie sich hin und sammeln Sie sich einige Augenblicke. Nehmen Sie dann in jede Hand einen Zweig. Halten Sie sie wie abgebildet leicht zwischen Daumen und Zeigefinger. Sie sollten noch leicht schwanken. Gehen Sie langsam im Uhrzeigersinn im Kreis herum, und denken Sie dabei an die Geister der Verstorbenen und an die verborgene Wiedergeburt im kommenden Frühling. Falls sich Ihre Zweige kreuzen, bedeutet das, daß andere Energien anwesend sind. Senden Sie ihnen Ihre Liebe.

1 Der Kerzenkreis sollte groß genug sein, damit Sie sich während des Meditierens nicht an dem heißen Wachs verbrennen.

2 Halten Sie die Zweige nur ganz locker, als gehörten Sie zu Ihrem Körper.

Schutz vor bösen Kräften

Damit können Sie schädliche Energien aus Ihrem Leben verbannen. Aber denken Sie daran: Sie sollten immer ehrliche Absichten haben und keine bösen Gedanken hegen.

Kapitel sieben

Meereszauber

Mit dieser skandinavischen Tradition beschwören Sie die Geister des Meeres und brechen mit schlechten Angewohnheiten wie Rauchen oder übermäßigem Essen und Trinken. Dazu müssen Sie an die Küste reisen, um sich den starken Zauber des Ozeans und der Gezeiten zunutze zu machen. In Skandinavien hielt sich das Heidentum viel länger als in anderen Teilen Europas, und dieser alte Glaube und die Zeremonien wurden bis in die heutige Zeit weitergegeben. Die Runen, ein geheimes Alphabet, sind untrennbar mit der skandinavischen Magie verbunden – führen Sie das Ritual mit ihrer Hilfe bei Ebbe und bei abnehmendem Mond aus.

Kapitel sieben

Schutz vor bösen Kräften

Sie brauchen dafür:

- EIN SYMBOL FÜR DAS, WAS SIE AUFGEBEN MÖCHTEN
- EINE KLEINE GELDBÖRSE ODER EINEN BEUTEL
- EIN STÜCK TREIBHOLZ
- EIN SCHARFES MESSER

Bewahren Sie das Symbol für Ihre schlechte Angewohnheit in einer Börse oder einem Beutel auf, den Sie nah am Körper tragen. Suchen Sie am Strand ein Stück Treibholz, und ritzen Sie die Runensymbole für Stärke und Schutz ein. Denken Sie dabei liebevoll daran, daß Sie sich von Ihrer Angewohnheit verabschieden wollen. Wenn die Ebbe beginnt, ziehen Sie Ihre Schuhe aus und waten bis zu den Knien ins Wasser. Halten Sie die Runen in der linken Hand, und gehen Sie siebenmal gegen den Uhrzeigersinn im Kreis herum. Heben Sie bei jeder Runde einen kleinen Schatz vom Meeresboden auf, und legen Sie ihn in den Beutel. Legen Sie bei der letzten Runde das Treibholz vorsichtig auf eine Welle, und beobachten Sie, wie es davongetragen wird. Nehmen Sie ein Stück Seetang mit nach Hause, und hängen Sie es zur Erinnerung an die Aufgabe draußen an die Tür. Vergraben Sie den Inhalt des Beutels in Hof oder Garten.

Das Runensymbol für Stärke.

Das Runensymbol für Schutz.

1 Treibholz finden Sie vor allem am Meeresrand. Das Stück sollte so trocken sein, daß Sie die Symbole einritzen können.

2 Hängen Sie Seetang an Ihre Tür, und lassen Sie Ihr Ritual und Ihren Entschluß noch einmal im Geist an sich vorbeiziehen.

Unerwünschte Gefühle

Mit diesem Zauber aus Italien halten Sie eine Konkurrentin davon ab, sich in Ihre Beziehung zu drängen. Wenn eine Rivalin um die Zuneigung Ihres Geliebten buhlt, kann das sehr verletzend sein, auch wenn die Gefühle nicht erwidert werden. Bewahren Sie einen kühlen Kopf, damit Sie klar denken und mit Hilfe eines kleinen Zaubers die Wogen glätten können. Handeln Sie unbedingt aus ehrlichen Beweggründen heraus, denn sonst geht der Schuß nach hinten los. Führen Sie das Ritual heimlich in einer Dienstagnacht bei abnehmendem Mond durch, damit die Dinge wieder in Fluß kommen und Ihre Beziehung harmonisch wird.

Kapitel sieben Schutz vor bösen Kräften

Sie brauchen dafür:

EINE BLAUE KERZE

GEWÜRZNELKENÖL UND EINE DUFTLAMPE

EIN LORBEERBLATT

Sowohl mit Lorbeer als auch mit Nelken assoziiert man Schutz, der auch durch die Farbe Blau verkörpert wird. Erwärmen Sie die Kerze vorsichtig, damit das Wachs weich wird. Ritzen Sie den Namen Ihrer Rivalin (falls Sie sie kennen) oder ein Symbol für diese Person in das Wachs. Teilen Sie dieser Person dabei mit, Sie wollten ihr keinen Schaden zufügen, sondern ihr nur Erfolg bei der Suche nach einem ungebundenen Liebespartner wünschen. Verbrennen Sie das Nelkenöl, und zünden Sie die Kerze an. Beobachten Sie, wie der Name oder das Symbol schmilzt. Bewegen Sie gleichzeitig das Lorbeerblatt einige Sekunden lang über der Flamme hin und her, und wünschen Sie sich, daß Ihr Liebster nur Ihnen treu ist und die andere Person vergißt. Bewahren Sie das Lorbeerblatt sicher auf, und geben Sie es ans Essen, wenn Sie das nächste Mal Ihren Partner bekochen. Ist die Kerze so weit heruntergebrannt, daß von dem Namen nichts mehr zu sehen ist, dann nehmen Sie die Überreste und werfen sie in eine Mülltonne, die an einer Kreuzung steht.

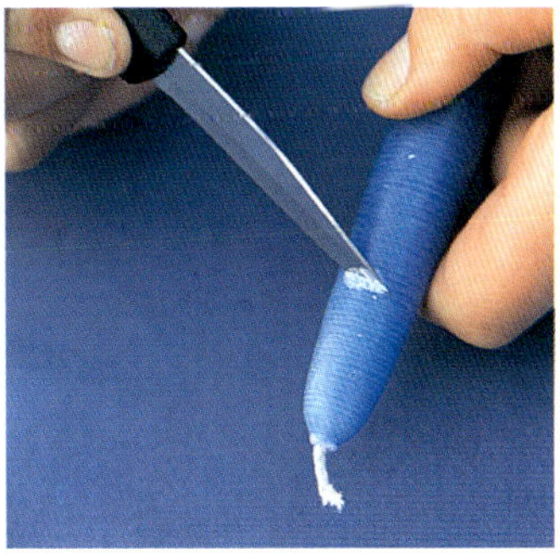

1 Suchen Sie alle Zutaten zusammen, während Sie das Wachs erwärmen. Sie brauchen das Messer nur leicht aufzudrücken, um das Symbol in die Kerze zu ritzen.

2 Bewegen Sie das Lorbeerblatt über der Flamme hin und her, damit es nicht verbrennt. Wünschen Sie sich etwas.

Baumgeister

Ein keltisches Amulett, mit dem Sie böse Geister aus Ihrem Zuhause vertreiben.

Bäume hatten bei den Kelten eine besondere Bedeutung, doch einige betrachteten sie als heilig und besonders magisch: Birke, Erle, Weide, Eiche, Stechpalme, Hasel und Apfelbaum. Noch immer gibt es Ruinen antiker Stätten, an denen früher Bäume verehrt wurden – viele Menschen klopfen auch heute noch auf Holz, denn das soll Glück bringen. Sie können sich ruhig Zeit lassen, um das Holz zu sammeln, das Sie für dieses Ritual benötigen. Wenn Sie es allerdings an dem Tag sammeln, an dem Sie das Ritual durchführen wollen, erhält Ihre Zeremonie mehr Gewicht und Bedeutung. Die besten Chancen haben Sie an einem Montag bei abnehmendem Mond.

Schutz vor bösen Kräften

Sie brauchen dafür:

- SIEBEN KLEINE HOLZSTÜCKCHEN, JE EINES VON JEDEM DER HEILIGEN BÄUME
- EINEN UNGELIEBTEN GEGENSTAND AUS IHREM HAUS ODER EIN SYMBOL FÜR IHR ZUHAUSE
- EINE DICKE WEISSE KERZE

Stehen Sie früh auf, nehmen Sie ein reinigendes Bad und ziehen Sie weiße Kleidung an. Am besten führen Sie das Ritual in einem Hain oder auch in der Nähe eines heiligen Baumes durch. Bringen Sie das gesammelte Holz mit. Legen Sie den ungeliebten Gegenstand oder das Symbol und die Kerze auf den Boden und die sieben Holzstücke drum herum. Zünden Sie dann die Kerze an. Heben Sie das erste Stück Holz auf, und sprechen Sie folgende Worte:

Heiliger Baum aus alter Zeit,
schütze und behüte mein Zuhause.

Legen Sie das Holz zurück, und blasen Sie die Kerze aus. Zünden Sie sie erneut an, und wiederholen Sie nun Ihren Spruch mit dem zweiten Stück Holz und den restlichen Hölzern. Verbrennen Sie den ungeliebten Gegenstand, stellen Sie dann die Kerze auf diese Stelle und zünden Sie sie an, während Sie über die Magie der Bäume nachdenken. Nehmen Sie die heiligen Holzstücke mit nach Hause, und verknoten Sie sie mit einer Kordel. Hängen Sie sie an einem sichtbaren Ort zu Hause auf.

1 Falls Sie im Freien „zaubern", suchen Sie sich ein geschütztes Fleckchen, damit die Kerze nicht erlischt.

2 Verknoten Sie die Holzstücke miteinander, und achten Sie auf ihre Verschiedenheit. Hängen Sie sie bei sich zu Hause sichtbar auf.

Hexenkerze

Mit diesem aus Griechenland stammenden Ritual halten Sie sich einen lästigen, unerwünschten Geliebten vom Hals. Wenn Sie meinen, alles in Ihrer Macht Stehende getan zu haben, um die Trennung von einem Partner zu erleichtern, mit dem Sie nichts mehr zu tun haben wollen, dann könnte dieser Zauber helfen – sofern Sie dieser Person nicht damit schaden wollen! Odysseus nahm eine Königskerze zu Hilfe, um sich vor den Künsten der Zauberin Circe zu schützen. Ihre Verwendung bei Zaubern trug der Königskerze den Namen „Hexenkerze" ein – eine passende Bezeichnung für die weichen gelben Blüten, die an einem turmähnlichen, bis zu zwei Meter hohen Stengel wachsen. Dieser Stengel wurde manchmal getrocknet, in Talg getaucht und als Kerze benutzt.

Kapitel sieben Schutz vor bösen Kräften

Sie brauchen dafür:

KÖNIGSKERZENÖL UND DUFTLAMPE
EINE HAARLOCKE ODER -STRÄHNE DES UNGELIEBTEN PARTNERS
EIN PAAR IHRER FINGERNAGELSPÄNE
EINE KLEINE CHINESISCHE SCHALE
EINE BLAUE KERZE
ETWAS FADEN

Verbrennen Sie zu Hause täglich Königskerzenöl, damit der schützende Einfluß wirksam werden kann und Ihrem Zauber Kraft verleiht. Suchen Sie sich abends bei abnehmendem Mond ein ungestörtes Plätzchen, und vermischen Sie die abgeschnittenen Fingernägel mit der Haarlocke bzw. -strähne in der Schale. Falls Sie keine Locke haben oder sich keine besorgen möchten (er/sie könnte es als Aufforderung betrachten), dann schreiben Sie seinen/ihren Namen einfach auf ein Stück Papier und zerschneiden dieses. Rühren Sie alles mit dem rechten Zeigefinger um, und sagen Sie dazu folgenden Spruch auf:

Der Keim dieser Liebe ist vertrocknet und vergangen, gib mir die Freiheit, ein neues Leben in Freude zu beginnen.

Zünden Sie die Kerze an, und zupfen Sie die Haare oder das Papier aus den abgeschnittenen Fingernägeln heraus. Streuen Sie diese in etwas Königskerzenöl, und verbrennen Sie sie, so daß Ihr Wesen den Raum erfüllt. Binden Sie das Haar zu einem Büschel zusammen, und versiegeln Sie es mit Wachs. Verbrennen oder vergraben Sie es anschließend.

1 Wiederholen Sie den Spruch mehrmals, während Sie die Zutaten in der Schale umrühren. Das verleiht Ihrem Zauber Kraft.

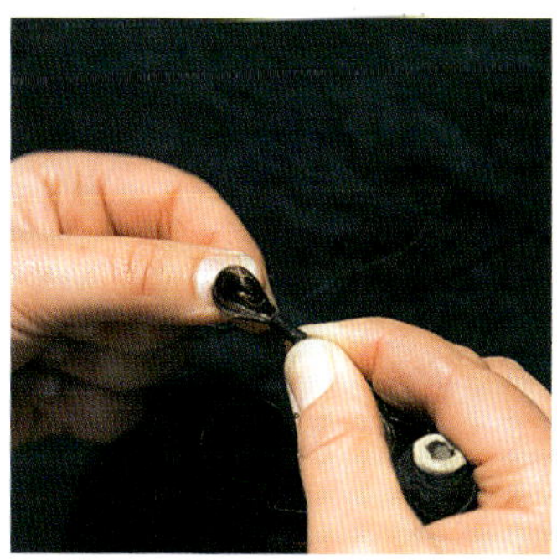

2 Wenn Sie die Fingernägel ins Öl gegeben haben, dann wickeln Sie das Haar oder das Papier mit Faden zusammen und versiegeln es dann.

Familienzwist

Dieser Zauber erleichtert Ihnen den Umgang mit Familienmitgliedern, die die familiären Beziehungen belasten. Wenn Sie dieses Ritual mit Ihrer Familie durchführen, festigt dies oft die Bande und bezeugt den Wert gemeinsam verrichteter Tätigkeiten. Früher mußten einfach alle zusammenhalten, um ihr Überleben zu sichern. Bei all dem Überfluß, der in

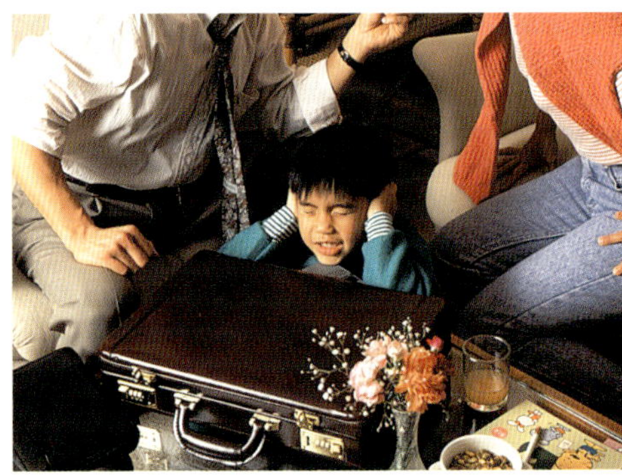

der westlichen Welt inzwischen herrscht, verlieren wir oft die spirituelle Seite unserer Beziehungen, die ebenfalls ausgedrückt werden will, aus den Augen. Führen Sie das Ritual an einem Montag, dem Tag der Familie, durch – und zwar bei zunehmendem Mond, denn Sie wollen ja das Gleichgewicht wiederherstellen.

Kapitel sieben Schutz vor bösen Kräften

Sie brauchen dafür:

VON JEDEM FAMILIENMITGLIED EIN SYMBOL FÜR DEN ZWIST ODER DIE KÜMMERNISSE

EINEN SPATEN

EINEN SÜSSDUFTENDEN ROSAFARBENEN ROSENSTOCK

Überreden Sie Ihre Familie sanft dazu, an dem Ritual teilzunehmen. Mit Gewalt werden Sie nur das Gegenteil erreichen. Falls jemand von Ihnen kein geeignetes Symbol findet, kann er seine Gedanken auch aufschreiben. Stellen Sie sich im Garten im Kreis auf, und graben Sie mit dem Spaten reihum im Uhrzeigersinn ein Loch in die Erde (ersatzweise tut es auch ein großer, mit Erde gefüllter Blumentopf). Vergraben Sie dann der Reihe nach – der Familienälteste beginnt – Ihre Symbole, und verabschieden Sie sich von Ihren Kümmernissen. Schaufeln Sie die Löcher gemeinsam zu, und pflanzen Sie an dieser Stelle die Rose, die Blume der Liebe. R. Great Maidens Blush und R. Celeste passen gut in den Garten, R. Baby Masquerade ist als Topfpflanze geeignet. Gießen Sie die Rose abwechselnd, und segnen Sie sie.

1 **Vergraben Sie schweigend nacheinander die Symbole, und bleiben Sie in Gedanken noch einen Augenblick bei Ihrem Ritual.**

2 **Fassen Sie sich an den Händen, um sich von Ihren Kümmernissen zu verabschieden, und lächeln Sie sich zu, wenn Sie die Rose einsetzen.**

Versöhnung

Mit diesem germanischen Zauber können Sie einen Bruch in Ihrer Beziehung heilen. Sie müssen dazu absolut ehrlich sein; haben Sie den Bruch veranlaßt, dann ist eine Entschuldigung der erste Schritt zur Lösung. Selbst wenn nicht Sie den Streit ausgelöst haben und Sie die Sache wirklich wieder ins reine

bringen wollen, sollten Sie sich mit einer sanften Meditation von Ihrer Wut und Ihrem Groll lösen, bevor Sie auf die Magie zurückgreifen. Die Rose ist ein Symbol der Liebe und somit der Venus geweiht. Führen Sie dieses Ritual an einem beliebigen Tag bei zu- oder abnehmendem Mond durch, denn Sie geben und nehmen, je nachdem aus welchem Blickwinkel Sie die Situation betrachten.

Kapitel sieben Schutz vor bösen Kräften

Sie brauchen dafür:

ROTE UND WEISSE KLETTERROSEN

ROTES UND WEISSES BAND

ROTWEIN

DREI TEEL. ROSENWASSER

Setzen Sie sich mit einem Bild Ihres Partners vor Augen an ein stilles Plätzchen, überlegen Sie, welche guten Eigenschaften er/sie hat und weshalb Sie diesen Menschen lieben. Versuchen Sie, so lange in dieser Position zu bleiben, bis sich all Ihre negativen Gefühle verabschiedet haben. Legen Sie den rechten Zeigefinger auf eine Augenbraue, und konzentrieren Sie sich darauf, Ihrem Partner liebevolle Gedanken zu senden. Pflanzen Sie die beiden Kletterrosen nebeneinander in den Garten, und binden Sie sie mit den Bändern zusammen, damit sich die Triebe verflechten können. Falls Sie keinen Garten haben, nehmen Sie statt dessen Efeupflanzen, um die Sie das rote bzw. weiße Band binden. Kredenzen Sie Ihrem Partner beim nächsten Treffen ein Glas Rotwein, dem Sie vorher das Rosenwasser hinzugefügt haben. Seien Sie weder unnahbar noch kalt. Ist das Eis gebrochen und Sie halten den richtigen Moment für gekommen und die heilenden Energien haben gewirkt, dann zeigen Sie Ihrem Partner Ihr Werk.

1 Schließen Sie die Augen, und entlassen Sie alle Verspannungen aus Ihrem Körper. Öffnen Sie die Augen, und legen Sie den Finger auf eine Braue. Visualisieren Sie dabei, wie Sie Ihrem Partner Liebe senden.

2 Mit den Bändern können sich die Pflanzen besser verflechten. Entfernen Sie sie erst, wenn die Rosen zusammengewachsen sind.

3 Seien Sie ruhig und entspannt, wenn Sie den Wein einschenken. Zeigen Sie Ihrem Partner Ihr Werk erst, wenn der Zauber gewirkt hat.

Stiefmütterchen

Aus Frankreich stammt dieser Zauber, mit dem Sie ein gebrochenes Herz heilen können. Das Stiefmütterchen wurde lange mit Herzensangelegenheiten assoziiert. Aufgrund seiner dreifarbigen Blüten – weiß, gelb und blauviolett – lautet sein botanischer Name Viola tricolor. In der Blumensprache bedeuten diese Farben Erinnerungen, liebevolle Gedanken und Andenken. Die Pflanze wurde immer dann als Geschenk überreicht, wenn es galt, einen Trennungsschmerz zu überwinden. Wenn Sie sich einsam und abgelehnt fühlen, kann dieser Zauber Trost spenden und den Weg für einen Neuanfang ebnen. Führen Sie ihn bei zunehmendem Mond durch.

Kapitel sieben Schutz vor bösen Kräften

Sie brauchen dafür:

IHR LIEBSTES ÄTHERISCHES ÖL

EINEN ORANGEFARBENEN SEIDENSCHAL

DREI STIEFMÜTTERCHENPFLANZEN

EINE KNOBLAUCHZEHE

EIN STÜCK ORANGEFARBENES PAPIER MIT IHREM NAMEN DARAUF

EINEN BLUMENTOPF UND ETWAS ÖL

Nehmen Sie ein reinigendes Bad, in das Sie etwas ätherisches Öl gegeben haben, und ziehen Sie sich dann sorgfältig an. Tragen Sie den Seidenschal auf Ihrer Haut – um die Taille, wenn Sie sich mit solch einer leuchtenden Farbe nicht unter Menschen trauen – oder passend zu Ihrer Kleidung sichtbar um den Hals. Er symbolisiert Ihre Entschlossenheit und erinnert Sie jedesmal, wenn Sie seine Gegenwart spüren, an Ihren Vorsatz. Suchen Sie sich im Laden die Stiefmütterchen mit den leuchtendsten Farben aus. Wickeln Sie zu Hause die Knoblauchzehe in das Papier, das Ihren Namen trägt; Knoblauch ist die Pflanze der Macht. Legen Sie das Papier unten in den Blumentopf, und füllen Sie ihn mit Erde. Setzen Sie die drei Stiefmütterchen ein, und gießen Sie sie reichlich. Stellen Sie sie auf ein sonniges Fensterbrett. In der Zeit, in der Sie die Pflanzen hegen und pflegen, wird auch Ihr Herz heilen und Ihre Lebensfreude zurückkehren.

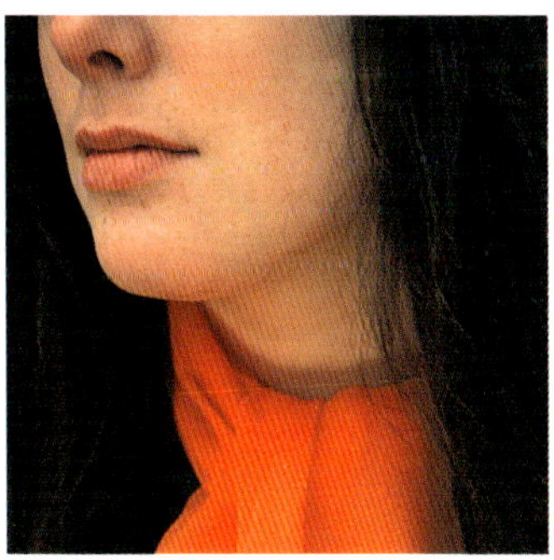

1 **Freuen Sie sich von Herzen über die Komplimente, die jemand über Ihren orangefarbenen Schal macht. Genießen Sie es!**

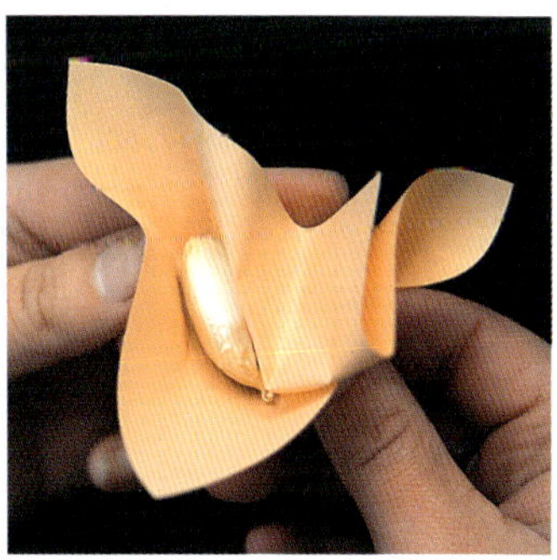

2 **Machen Sie einen besonderen Ausflug mit Ihrem orangefarbenen Talisman, wenn Sie die Pflanzen kaufen. Schreiben Sie zu Hause Ihren Namen auf Papier, und wickeln Sie den Knoblauch darin ein.**

3 **Legen Sie das Papier in den Topf, und sinnen Sie eine Weile über die Freuden des Lebens und die schönen Stiefmütterchen nach.**

Die besondere Glückssträhne

Wenn Sie gern eine kleine Glückssträhne hätten, dann versuchen Sie es doch mit einem der drei folgenden Zauber.

Kapitel acht

Regenbogen

Ein siebentägiger Zauber, um die wohltuende Kraft der Geister anzuziehen. Sie können ihn auch gemeinsam mit anderen Ritualen durchführen, damit er besser

wirkt. Er vereint die Magie von Kräutern, Kristallen und Kerzen und beschert Ihnen bei jeder bevorstehenden Aufgabe eine Portion Glück. Man kombiniert an jedem Wochentag eine andere Farbe mit den Dingen, die man damit assoziiert, um sich die wirksamen Einflüsse von Mond oder Sonne zunutze zu machen. Sie können an jedem beliebigen Wochentag mit dem Zauber beginnen, müssen ihn aber sieben Tage lang fortführen.

Kapitel acht Die besondere Glückssträhne

Sie brauchen dafür:

- SIEBEN KERZEN IN DEN UNTEN ANGEGEBENEN FARBEN
- FRISCHE ODER GETROCKNETE KRÄUTER, JE NACH WOCHENTAG (SIEHE TABELLE)
- WEIHRAUCH UND WEIHRAUCHLAMPE
- EINEN KRISTALL

Suchen Sie sich für den Tag, an dem Sie den Zauber beginnen, eine Kerze in der entsprechenden Farbe und das dazugehörige Kraut anhand der Tabelle aus. Zünden Sie die Kerze und den Weihrauch in der Schale an, und streuen Sie ein paar Kräuter hinein. Halten Sie den Kristall in der ausgestreckten Hand, und lassen Sie das Mond- oder Sonnenlicht darauf scheinen, so daß es auf die Kräuter in der Schale fällt. Beschwören Sie die Geister mit diesem Lichtstrahl, und bitten Sie sie, Ihnen für Ihre Aufgabe Glück zu gewähren.

TAG	FARBE	ENTSPRECHENDES KRAUT
Sonntag	Orange	Majoran oder Katzenminze
Montag	Weiß	Basilikum oder Lavendel
Dienstag	Rot	Muskatnuß oder Raute
Mittwoch	Gelb	Salbei oder Ingwer
Donnerstag	Purpur	Lorbeer oder Iriswurzel
Freitag	Blau	Fenchel oder Gewürznelke
Samstag	Grün	Petersilie oder Thymian

1 Verbrennen Sie die Kräuter, und atmen Sie ihr würziges Aroma ein. Denken Sie dabei an frühere gute Gelegenheiten oder künftige Ereignisse.

2 Meditieren Sie eine Zeitlang, bevor Sie die Mond- oder Sonnenstrahlen auf den Kristall in Ihrer Hand herunterbitten.

Glückspilz

Dieser Druidenzauber beschert Ihnen den Schutz übersinnlicher Mächte, viel Erfolg und Glück. Im Christentum symbolisierte ein dreiblättriges Kleeblatt die Dreieinigkeit

und ein vierblättriges das Kreuz. Das ist vielleicht eine Abwandlung des heidnischen Glaubens, daß Klee besonders Frauen viel Glück brachte: Die drei Blätter standen für die Göttin in ihren drei Erscheinungsformen: als junge Frau, als Mutter und als weise Alte. Dem Klee sprach man zwar grundsätzlich magische Eigenschaften zu, doch ein vierblättriges Kleeblatt war schon immer ein besonderes Glückssymbol.

Kapitel acht Die besondere Glückssträhne

Sie brauchen dafür:

DREI KLEEBLÄTTER

DREI SILBERNE KERZEN

DIESES ZAUBERBUCH

ETWAS TESAFILM

Führen Sie diesen Zauber an einem beliebigen Tag zu irgendeiner Zeit durch. Pflücken Sie drei Kleeblätter; es genügen dreiblättrige, aber wenn Sie ein vierblättriges finden – um so besser. Zünden Sie die drei Kerzen an, und legen Sie die Kleeblätter – am besten flachgepreßt, damit man ihre Form besser sieht – davor. Legen Sie Ihre Finger auf den Klee. Konzentrieren Sie sich auf die brennenden Kerzen, und versetzen Sie sich in Gedanken in eine Wiese voll süßduftender roter und weißer, in silbernes Licht getauchter Kleeblüten, das alle Sorgen hinwegnimmt und vertreibt. Bleiben Sie kurz in dieser Position, und löschen Sie dann die Kerzen. Kleben Sie die gepreßten Kleeblätter in dieses Zauberbuch ein, damit das Glück Sie niemals verläßt.

1 **Zünden Sie die Kerzen an, und legen Sie die Kleeblätter davor. Sie sollten so flach sein, daß ihre Form sichtbar ist.**

2 **Entspannen Sie sich, und legen Sie Ihre Finger auf die Kleeblätter.**

3 **Kleben Sie die Kleeblätter vorn in dieses Zauberbuch ein, das bringt Glück.**

Medizinbeutel

Von den Ureinwohnern Amerikas stammt dieser Beutel mit magischen glücksbringenden Amuletten. Sie sammelten Gegenstände aus der Natur – wie Kräuter, Knochen und Holz, Symbole für die den Menschen innewohnenden Energien und spirituellen Kräfte – und banden sie in ein Stück Stoff oder Leder ein. Der Inhalt dieser Medizinbeutel war dem jeweiligen Stamm heilig. Man sammelte auch Material für persönliche Medizinbeutel, deren Inhalt streng geheimgehalten wurde. Beim Tod des Besitzers verbrannte man den Medizinbeutel, damit sein Geist nicht mehr an diese Welt gebunden war. Fertigen Sie sich Ihren eigenen Medizinbeutel an, damit das Glück Ihnen treu bleibt.

Kapitel acht Die besondere Glückssträhne

Sie brauchen dafür:

SAMEN, STEINE, KRISTALLE, FEDERN, HOLZ UND ANDERE NATURMATERIALIEN

STOFF UND SCHNUR AUS NATURFASER

Lassen Sie sich Zeit, um die Gegenstände für Ihren Medizinbeutel zu sammeln. Es ist besser, Dinge zu nehmen, von denen Sie sich unbewußt angezogen fühlen, als überstürzt zu entscheiden. Ihr Medizinbeutel soll Sie unter Umständen ja mehrere Jahre begleiten! Achten Sie bei jedem Landausflug auf Ihre Umgebung. Nehmen Sie den Reichtum der Natur wahr, und halten Sie nach Dingen Ausschau, die Sie sonst übersehen würden. Trocknen Sie frische Pflanzen oder Kräuter, die Sie finden, nachdem Sie sich mit ihrem Duft und ihrer Textur vertraut gemacht haben. Wenn Sie Ihre Wahl getroffen haben, schlagen Sie sie in das Tuch ein und binden die Schnur darum. Einen großen Beutel bewahren Sie an einem sicheren, nur Ihnen zugänglichen Ort zu Hause auf. Einen kleinen Beutel können Sie um den Hals tragen, wo er Sie daran erinnert, daß das Glück immer in Ihrer Nähe ist.

Viel Glück und alles Gute!

1 Gehen Sie achtsam mit Mutter Natur um, wenn Sie die Dinge für den Medizinbeutel sammeln. Machen Sie sich bewußt, wieviel Erstaunliches Ihre Umgebung zu bieten hat.

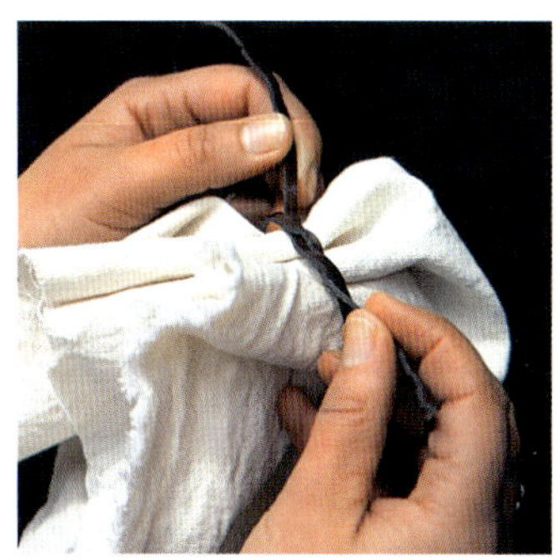

2 Stoff und Schnur sollten aus Naturfaser bestehen. Die Farbe können Sie beliebig wählen.

Register